PLATON

MÉNEXÈNE — ION

PARIS

LIBRAIRIE CH. POUSSIELGUE

RUE CASSETTE, 15

—

1897

PLATON

—

MÉNEXÈNE — ION

Propriété de

[signature]

DU MÊME AUTEUR :

MOLIÈRE. — Théâtre choisi. In-18 jésus broché. **3 fr.**
Relié toile pleine............................. **3 fr. 50**

EURIPIDE. — Iphigénie à Aulis. 2ᵉ édition. Grand in-18
cartonné .... **1 fr.**

SOPHOCLE. — Antigone. 2ᶜ édition. Gr. in-18 cart. **1 fr.**

SOPHOCLE. — Œdipe à Colone. Édition classique, par
MM. les abbés E. RAGON et J. BOUSQUET. 2ᵉ édition. Gr. in-18
cartonné.................................... **1 fr.**

ALLIANCE DES MAISONS D'ÉDUCATION CHRÉTIENNE

PLATON

MÉNEXÈNE — ION

ÉDITION CLASSIQUE

Par M. l'Abbé J. BOUSQUET

AGRÉGÉ DES LETTRES

MAITRE DE CONFÉRENCES A L'INSTITUT CATHOLIQUE DE PARIS

PARIS

LIBRAIRIE CH. POUSSIELGUE

RUE CASSETTE, 15

—

1897

INTRODUCTION

L'*Ion* et le *Ménexéne* sont inscrits l'un à côté de l'autre dans les nouveaux programmes de l'enseignement secondaire classique. Ce n'est pas là, toutefois, la seule raison qui a pu nous déterminer à faire entrer ces deux dialogues dans un même volume. Il y a entre eux de réelles analogies par lesquelles ils s'appellent l'un l'autre. Tous les deux appartiennent au groupe des dialogues socratiques, et dans tous les deux Socrate a devant lui un seul interlocuteur, celui qui donne son nom à chacun de ces dialogues. Dans tous les deux, Socrate, c'est-à-dire Platon, s'attaque à ceux qui séduisent le public et s'emparent injustement de sa confiance : dans le *Ménexéne*, il raille les charlatans de la tribune, ces rhéteurs qui abusent le peuple par leurs flatteries intéressées; dans l'*Ion*, les charlatans de la poésie, ces rhapsodes qui exploitent à leur profit le sentiment littéraire des Grecs et leur goût pour les récitations poétiques. Enfin l'authenticité de ces deux ouvrages a été l'objet de débats à peu près semblables, et demande à être examinée à l'aide des mêmes principes de critique. Les élèves de seconde, nous n'en doutons pas, prendront aussi le même goût à l'étude de ces deux dialogues, aussi charmants par la limpidité de la forme et la finesse du comique que curieux par les questions littéraires qui y sont soulevées, et plus ou moins complètement résolues.

I

LE MÉNEXÈNE

§ I. — Les personnages. Analyse du dialogue.

Le *Ménexène*, avons-nous dit, appartient au groupe des dialogues *socratiques*, c'est-à-dire de ceux dans lesquels Socrate est le principal interlocuteur, soit qu'il y expose les doctrines qu'il professa réellement pendant sa vie, soit qu'il couvre de son nom les idées personnelles de l'auteur : on sait combien le départ est difficile à faire entre ces deux éléments.

Ici, Socrate est si bien le principal interlocuteur qu'il est à peu près seul à parler. Celui de ses disciples auquel il s'adresse est le fils de Démophon, le jeune et riche Ménexène, qui devait un jour, avec son cousin Ctésippe, assister, dans la prison de Socrate, aux derniers moments de son maître[1]. Ce Ménexène, dans le dialogue auquel il donne son nom, n'occupe qu'une place très peu considérable. Il fournit simplement à Socrate l'occasion de réciter un discours, puis il le remercie quand le discours est fini. Toutefois, si modeste que soit ce rôle, le choix du personnage n'est peut-être pas insignifiant, comme nous le verrons par la suite.

Un discours de Socrate, voilà donc le fond du *Ménexène*; mais ce discours est une oraison funèbre, et voici ce qui l'amène :

Socrate rencontre son disciple, qui venait d'assister à la séance du Conseil. Il lui demande ce qu'il a été faire par là, et apprend de lui qu'on délibère sur le choix d'un orateur, car il va falloir prononcer une oraison funèbre en l'honneur des guerriers tombés sur le champ de bataille (*Chap. I*). « Quelle chance, s'écrie Socrate, de mourir à la guerre! On a des funérailles magnifiques, on est loué par des panégyristes de premier ordre! » Et le voilà qui vante ironiquement l'éblouissante éloquence de ces panégyristes officiels (*Chap. II*). « En attendant, reprend Ménexène, celui qu'on va charger de parler sera, sans doute, obligé d'im-

---

1. C'est là d'ailleurs tout ce que nous connaissons de lui et de sa famille.

proviser. » Socrate se hâte de le rassurer, et affirme d'ailleurs qu'un pareil discours est facile à faire : il s'en chargerait volontiers, lui qui a Aspasie pour maîtresse d'éloquence (*Chap. III*). D'ailleurs il a, la veille même, entendu Aspasie donner un modèle d'oraison funèbre dont il se souvient fort bien. Comme on le pense, Ménexène demande à son maître de lui réciter ce discours; Socrate se fait prier le temps convenable et s'exécute (*Chap. IV*).

Après un court *exorde* tiré des circonstances, l'orateur énonce la *proposition* et la *division* de son discours. Il rendra aux morts l'hommage consacré : 1° en les louant comme ils le méritent; 2° en adressant aux vivants ce qui convient en pareille circonstance : *a*) des exhortations aux fils et frères des défunts, *b*) des consolations à leurs pères, à leurs mères, et, s'ils en ont encore, à leurs aïeux.

Voilà des divisions nettes, ou il n'y en a pas. Comment va se faire le développement du *premier point?* Il faut évidemment louer les défunts conformément à la nature. Or, s'ils sont devenus excellents, c'est parce que leurs parents étaient excellents : l'orateur nous promet donc l'éloge de leurs parents, puis de l'éducation qu'ils en ont reçue, puis de leurs propres actions (*Chap. V*). Mais les parents eux-mêmes doivent leur excellence à la terre qui les a engendrés (*Chap. VI*). Nous voilà conduits à l'éloge de la patrie. Amené logiquement à prendre ce point de départ, l'orateur en redescendra, par des déductions successives, jusqu'aux guerriers dont on célèbre les funérailles, et, le plus naturellement du monde, il aura retracé toutes les grandes lignes de l'histoire d'Athènes.

L'excellence de la terre athénienne est prouvée par deux raisons : premièrement, les dieux s'en sont disputé la possession; en second lieu, elle a enfanté, elle-même, non des animaux farouches et sans raison, mais l'homme, l'être semblable aux dieux. En doutez-vous? Voici ce qui l'établit péremptoirement : on reconnaît la mère d'un nouveau-né à ce qu'elle porte en elle-même de quoi nourrir son enfant. Or, la terre attique produit le blé et l'orge, nourriture essentielle de l'homme : donc... (*Chap. VII*).

Ce n'est pas tout de naître, il faut savoir vivre. Après avoir célébré la patrie qui a donné naissance aux ancêtres, l'orateur célèbre la constitution que les Athéniens ont su fonder. C'est, depuis l'origine, une aristocratie au sens élevé du mot, c'est-à-dire un état dans lequel tous sont égaux en droit, et les meilleurs dirigent en fait (*Chap. VIII.*)

Viennent ensuite les actions du peuple athénien; elles

sont toutes résumées sous une idée générale : ce que les
Athéniens ont fait, ils l'ont fait « persuadés qu'il était de
leur devoir de défendre et la liberté d'une partie de la
Grèce contre les Grecs, et celle de la Grèce entière contre
les barbares ». Ce point de vue établi, Socrate rappelle
successivement les exploits des temps héroïques, la guerre
contre Darius et la bataille de Marathon, la victoire de Salamine, celle de Platées et le triomphe définitif sur les
Perses (*Chap. IX-XII*). Puis, toujours au même point de
vue, il montre les Athéniens entrant en guerre avec les Lacédémoniens pour défendre la liberté des Béotiens, la mo-
dération d'Athènes après la prise de Sphactérie qui l'avait
élevée au faîte de la gloire (*Chap. XIII*), la sagesse et le
courage des armées vaincues dans cette expédition de Sicile,
entreprise pour protéger la liberté des Léontins. Dans la
guerre civile qui suit, l'orateur rappelle seulement, pour
l'admirer, la loyauté avec laquelle les partis opposés se
sont réconciliés, et il glisse avec la même habileté sur tous
les échecs des Athéniens, pour ne montrer que le désintéressement de leur politique, jusqu'à la paix dite d'Antalcidas (*Chap. XIV-XVII*).

Telle est la première partie. Si l'analyse qu'on en peut
faire présente quelque monotonie, la nature du sujet, qu'on
veuille bien le croire, y est pour quelque chose.

« Elles sont belles et nombreuses, dit Socrate, les actions
que je viens de dire; plus belles encore et plus nombreuses
sont celles ue j'ai passées sous silence. Des jours, des
nuits ne suffiraient pas pour les retracer toutes. » Cette
heureuse transition nous fait entrer dans la *seconde partie,*
beaucoup moins longue que la première, et bien plus im-
posante. Elle est d'ailleurs aussi facile à analyser. L'orateur,
s'adressant à ceux qui l'écoutent, leur annonce qu'au lieu
de leur parler lui-même, il va leur rappeler les paroles su-
prêmes qu'il a recueillies sur la bouche même des guerriers expirants (*Chap. XVIII*). L'exhortation aux vivants
prendra ainsi la forme poétique d'une *prosopopée.* Les défunts, par l'organe de l'orateur, exhortent leurs enfants à
leur ressembler (*Chap. XIX*), leurs pères et leurs mères à
se consoler de la perte qu'ils ont faite. Que tous évitent de
se lamenter à l'excès sur les malheurs inséparables de la
condition humaine; qu'ils se rappellent l'antique maxime :
Rien de trop! Il y avait là l'occasion d'un beau développement de morale, et l'auteur s'est bien gardé de la laisser
échapper. Quant à la République, les défunts lui deman-
deraient bien de prendre soin de leurs enfants, mais ils sa-

vent qu'elle le fera d'elle-même, et ils se taisent (*Chap. XX*).

Avant d'en faire autant, l'orateur n'a plus qu'à placer sa *péroraison*. Il reprend rapidement les exhortations, s'étend quelque peu sur la confiance que doivent avoir dans la sollicitude de l'État les vieillards et les orphelins privés de ceux qui les soutenaient, puis il congédie l'assemblée (*Chap. XX-XXI*).

Il faut maintenant conclure le dialogue. « Quel que soit, dit Ménexène, l'auteur de ce discours, je lui en sais un gré infini; mais je remercie surtout celui qui vient de le prononcer devant moi » (*Chap. XXII*).

§ II. — Le sujet véritable et l'authenticité du *Ménexène*.

En suivant ce simple résumé, le lecteur a déjà dû se poser plus d'une question. Le *Ménexène*, en effet, présente de nombreuses difficultés, sur lesquelles la critique est loin d'avoir dit son dernier mot. Nous n'avons pas la prétention de résoudre, dans ces quelques pages, des problèmes aussi délicats; mais il sera bon, croyons-nous, d'en préciser un peu les données, et d'indiquer au moins les principales solutions qu'on en a proposées.

Platon est-il vraiment l'auteur du *Ménexène*? S'il l'est, dans quelle intention l'a-t-il composé? Quelle place occupe ce dialogue dans la série de ses ouvrages?

Les deux premières questions, en apparence si dissemblables, n'en font qu'une en réalité. Il y a, en effet, plusieurs témoignages positifs d'auteurs anciens en faveur de l'authenticité du dialogue; mais ces preuves extérieures ne font pas la plus légère impression sur ceux qui trouvent l'esprit général du *Ménexène* incompatible avec les habitudes et les goûts de Platon. C'est donc le dialogue lui-même qu'il faut d'abord interroger.

L'auteur du *Ménexène* a-t-il sérieusement voulu donner un modèle d'oraison funèbre? Il a fait alors un exercice de rhétorique qui ne vaut pas mieux que ceux dont Platon se moque si souvent, et il faut résolument enlever à Platon une œuvre qui le déshonorerait. Comment croire que Platon soit descendu à des flatteries aussi basses pour la politique athénienne, qu'il ait si audacieusement dénaturé les faits en omettant tout ce qui n'était pas conforme à un certain idéal ou était au désavantage de sa patrie, qu'il ait commis

le monstrueux anachronisme de faire exposer par Socrate,
mort en 399, l'état d'Athènes après la paix d'Antalcidas,
conclue en 387?

Un savant allemand, Schleiermacher, résout ainsi cette
dernière objection : l'oraison funèbre est bien de Platon ;
mais le cadre, c'est-à-dire le dialogue entre Socrate et Ménexène, a été ajouté postérieurement; de cette façon, ce n'est
plus Socrate qui parle, et il n'y a plus d'anachronisme.
C'est vrai; mais alors l'oraison funèbre est nécessairement
et complètement sérieuse : c'est le triomphe de toutes les
autres objections qu'on a soulevées contre elle. Le début,
d'ailleurs, n'est pas la partie la moins belle du dialogue.

Mais ce début, qu'il faut maintenir, n'indique-t-il pas
assez que l'ouvrage tout entier est écrit avec une intention
ironique? La description comique de l'effet produit sur Socrate par les panégyriques des orateurs officiels, la critique
de ce genre facile, et, dans le discours proprement dit,
l'exagération même des procédés de la rhétorique, ne sont-
elles pas autant de signes manifestes que l'auteur veut se
moquer de ce genre et de ceux qui s'y exercent? Quand Socrate se rend au désir de Ménexène, ne dit-il pas lui-même
qu'il va s'amuser, se livrer à des exercices d'enfant? —
Mais alors, pourquoi le ton sérieux de certains passages,
par exemple de la prosopopée qui remplit à peu près la
seconde partie? Pourquoi Ménexène, le discours fini, n'a-t-il
pour Socrate qu'une sincère admiration et une vive recon-
naissance? Et que cette critique est faible après celles du
Protagoras et du *Phèdre!*

L'hypothèse de l'intention ironique ne supprime donc
pas, on le voit, toutes les difficultés. Aussi certains critiques, comme Ast, ont-ils hardiment déclaré le *Ménexène*
apocryphe. D'autres demeurent en suspens : Saisset, l'auteur d'une traduction à laquelle nous avons fait quelques
emprunts dans les pages qui précèdent, conclut qu'il ne
peut rien conclure, sinon se retrancher derrière le mot de
Pyrrhon : οὐδὲν ὁρίζω. Tout récemment, M. Ch. Huit a placé
notre dialogue parmi les ouvrages dont l'authenticité est
incertaine. Personne, certes, n'est avec Platon en connaissance plus intime que M. Huit, et son autorité en pareille
matière est considérable : quiconque veut parler de Platon
est obligé maintenant d'avoir lu le magistral ouvrage de ce
critique [1]; mais on peut quelquefois ne pas adopter ses

1. CH. HUIT, *la Vie et l'œuvre de Platon*, 2 vol. in-8°. Paris,
Thorin, 1893.

conclusions. Faut-il, avec lui, dédaigner le *Ménexène* parce que ce dialogue présente une « parodie plus pédante que les pédants qu'elle raille, plus emphatique que les rhéteurs qu'elle persifle, plus grotesque que les ridicules qu'elle fustige » [1]? Mais depuis quand est-il défendu au satirique d'exagérer un peu les travers dont il se moque, pour mieux les ridiculiser? Les discours de Petit-Jean et de l'Intimé sont plus grotesques encore que ceux dont Racine a voulu faire la parodie : est-ce que les *Plaideurs* ne sont pas authentiques?

Toutefois, même en supposant cette objection écartée, le *Ménexène* demeure une œuvre singulière et très complexe, que ne peuvent comprendre ni ceux qui la prennent complètement au sérieux, ni ceux qui n'y voient qu'une plaisanterie. La note ironique domine, ce n'est pas douteux; mais on y trouve aussi des pensées fortes et sérieuses, des maximes morales dont Platon n'aurait pu plaisanter sans se moquer de lui-même, et détruire l'œuvre entière de sa vie. C'est la présence de ces éléments contradictoires qui rend si difficile l'interprétation du *Ménexène;* c'est peut-être en cherchant les causes de cette complexité, si déconcertante tout d'abord, que l'on verrait un peu plus clair dans la pensée de l'auteur.

Supposons un instant que Platon ait voulu faire une critique de l'oraison funèbre, telle qu'elle existait de son temps à Athènes. Il était assez naturel que la critique fût faite devant quelqu'un qui eût à en profiter. Aussi l'auteur ayant fait choix de Ménexène, a-t-il eu soin de nous le représenter comme un futur politicien : « Qu'allais-tu donc faire au Sénat? lui demande Socrate. Je comprends : tu juges qu'il ne te reste plus rien à apprendre, et, confiant en tes forces, tu songes à les appliquer à de plus grands objets. Tu veux nous gouverner, afin que votre maison ne cesse pas de fournir à la république des administrateurs. » Pour donner tout ensemble à ce personnage une leçon d'oraison funèbre et une leçon de politique, il sera bon de lui montrer les ridicules du genre existant, tout en lui laissant entrevoir par quels enseignements il conviendrait de remplacer les flatteries intéressées des charlatans de la tribune.

Mais critiquer, pour Platon, c'est parodier : on sait combien il excelle dans cette exquise imitation des ridicules, assez marquée pour frapper vivement l'esprit de ses lec-

---

1. Ouvrage cité, tome II , p. 232.

teurs, assez délicate pour ne jamais se changer en cari-
cature. Il choisit alors Socrate, pour faire parodier par lui
d'abord la naïveté des auditeurs qui se laissent prendre aux
flatteries des orateurs populaires, ensuite les procédés de
ces mêmes orateurs. Ce choix est l'indice le plus clair que
Platon plaisante : il sait bien que, de tous les hommes, Socrate est le moins facile à duper par la louange, le moins
capable, d'autre part, de faire un discours étudié et de se
servir des artifices de la rhétorique pour décerner au peuple
des éloges immérités; il sait bien aussi que Socrate était
mort depuis treize ans au moment de la paix d'Antalcidas;
mais un pareil anachronisme, qui ne l'effraie pas, d'ailleurs, dans des ouvrages plus sérieux, accentuera encore
ici la nuance burlesque et la conception fantaisiste. L'ironie
continue ensuite : ce discours que répète Socrate, il l'at-
tribuera à une femme, à la spirituelle Aspasie, qu'il met-
tra plaisamment au-dessus de tous les orateurs, faisant
d'Antiphon son inférieur, de Périclès son élève. Dans le
discours même seront reproduits avec un sérieux comique
tous les procédés des rhéteurs : la création du monde
pour point de départ, l'habitude de déclarer qu'on traite un
sujet nouveau, puis les subdivisions à l'infini, les transi-
tions puériles, les prétéritions banales, les éloges à propos
de tout : tout ce qui est faux dans le genre sera reproduit
et ridiculisé.

Voilà la partie critique, tout entière sur le ton ironique.
Mais si, dans Platon, l'ironie est partout, nulle part elle
n'est tout. Derrière l'artiste qui s'égaie, le penseur pour-
suit son but. Dans la forme, les Athéniens reçoivent les
éloges traditionnels; dans le fond, l'orateur leur adresse
une leçon. De quoi, en effet, les loue-t-il? Surtout de ce
qu'il voudrait voir en eux : la générosité, la loyauté, le pa-
triotisme entendu dans un sens plus large : « Entre peuples qui parlent la même langue, il faut combattre seulement jusqu'à la victoire, et n'aller pas sacrifier au ressen-
timent particulier d'une ville le salut de la Grèce entière. »
Ainsi fait Démosthène dans le *Discours contre Leptine :* voulant décider les Athéniens à abroger une mesure récente
qui favorisait leurs intérêts financiers, il les loue sans cesse
de leur désintéressement, pour mieux les y engager. Un
instant même, Platon lève le masque de l'ironie et parle
à visage découvert : c'est dans cette prosopopée de la seconde partie, entièrement sérieuse et tout à fait dans ses
habitudes. Au fond du *Ménexène,* il y a donc une préoccu-
pation morale : le jeune auditeur de Socrate apprendra

qu'il faut parler au peuple de manière à le rendre vertueux. L'œuvre ainsi a un but, et ce but est digne de Platon.

Ajoutons que Platon se trahit dans la manière même dont il imite les orateurs à la mode : en accumulant les détails, il ne peut s'empêcher de les rassembler sous une idée générale qui les relie les uns aux autres, et que nous avons cherché à montrer dans notre analyse. Ainsi, prenant le genre traditionnel pour le parodier, il y a mis, plus ou moins consciemment, quelque chose de lui-même ; en ridiculisant ce qui se faisait, il a laissé entrevoir ce qu'il fallait faire.

A ce point de vue, les contradictions que présente le *Ménexène* s'expliquent peut-être un peu plus aisément. Voilà pourquoi des savants comme Soger, Loers, Cousin, Stallbaum, ont cru à l'authenticité du *Ménexène*, et M. A. Croiset, après tous les travaux des critiques, a conclu dans le même sens[1].

Il n'y a plus de raison maintenant pour récuser les témoignages anciens qui sont si nombreux[2]. Le plus important de tous est, évidemment, celui d'Aristote, qui cite une propre phrase du *Ménexène*, en la mettant dans la bouche de Socrate[3]. Il prouve au moins que le *Ménexène*, s'il n'appartenait pas à Platon, aurait été écrit par un de ses contemporains. Par là se trouvent réduites à néant toutes les objections tirées des anachronismes ou ignorances de faits que l'on rencontre dans le *Ménexène*, puisque ces objections s'adresseraient également à tout contemporain de Platon. Et puisque, par ailleurs, les objections tirées du fond même de l'œuvre peuvent se résoudre, rien n'autorise à retrancher quoi que ce soit du témoignage d'Aristote.

Quant à la troisième question que nous posions tout à l'heure, celle qui est relative à la date de composition du *Ménexène*, nous y avons répondu, dans ce qui précède, autant qu'on peut y répondre. Le *Ménexène* n'a été écrit par Platon qu'après la paix d'Antalcidas, voilà qui est certain ; mais c'est tout ce qu'on a pu en dire jusqu'ici.

1. CROISET, *Histoire de la littérature grecque*, t. IV, p. 316.
2. Cousin en fait une scrupuleuse énumération dans sa *Traduction des œuvres de Platon*, tome IV, p. 448.
3. ARISTOTE, *Rhét*,. III, 14, p. 1415, B : Ὅ γὰρ λέγει Σωκράτης ἐν τῷ ἐπιταφίῳ, ἀληθές, ὅτι οὐ χαλεπὸν Ἀθηναίους ἐν Ἀθηναίοις ἐπαινεῖν, ἀλλ᾽ ἐν Λακεδαιμονίοις.

II

L'ION

Si de nombreuses analogies, ainsi que nous l'avons dit en commençant, rapprochent l'*Ion* du *Ménexène*, il y a aussi entre les deux dialogues des différences assez importantes : dans la personne de Ménexène, Socrate avait un disciple à instruire; Ion, le beau rhapsode, est un adversaire à combattre. Aussi, dans le premier ouvrage, Socrate a-t-il presque continuellement la parole, et le dialogue ne sert-il qu'à gracieusement encadrer le discours; ici, au contraire, nous trouvons du commencement à la fin un échange constant de questions et de réponses. Dans le *Ménexène*, le genre critiqué est admis en principe; l'on n'en attaque que les abus. Il y a plus dans l'*Ion* : la question débattue est à la fois théorique et pratique; c'est la nature même de la poésie qui est en cause, et, par suite, la confiance que méritent les poètes et leurs interprètes. Enfin, si l'on a contesté l'authenticité du *Ménexène* sous prétexte que Platon, dans cet ouvrage, se serait conformé aux règles d'un genre qu'il combat partout ailleurs, la raison précisément contraire, parmi d'autres motifs, a fait douter de celle de l'*Ion* : l'auteur de ce dialogue, a-t-on dit, attaque et semble méconnaître ce que Platon comprend et loue si admirablement, la poésie dont il est plein lui-même. Des oppositions aussi frappantes sont une raison de plus pour étudier l'*Ion* à la suite du *Ménexène*.

§ I. — Sujet et analyse du dialogue.

Les Grecs, on le sait, réunissaient dans leurs fêtes populaires tous les genres de plaisir. Quand les yeux avaient bien joui du spectacle des courses de chars et des combats de lutteurs, l'oreille et l'esprit réclamaient leur tour : pour les satisfaire, s'ouvrait un concours de récitation poétique. On voyait s'avancer un homme magnifiquement paré, revêtu d'une robe de diverses couleurs, portant sur la tête une couronne d'or, et dans la main une branche de laurier d'où l'on a voulu, à tort, tirer son nom de *Rhapsode*. Cet homme déclamait des vers; aux passages pathétiques, ses

yeux se remplissaient de larmes, la crainte lui faisait dres-
ser les cheveux sur la tête et palpiter le cœur, et devant
lui, les auditeurs pleuraient, tremblaient, menaçaient : plus
il réussissait à les émouvoir, plus il gagnait d'honneurs et
d'argent.

Tel était le rhapsode : tel est le personnage que Socrate
prend à partie dans notre dialogue. Écoutons leur conver-
sation.

Socrate salue Ion, lui demande d'où il vient, apprend
qu'il a été couronné aux jeux d'Épidaure, et l'engage à
concourir aux Panathénées. Ion, bien entendu, veut le
faire et gagner de nouveaux prix. Voilà le sujet posé, et
les interlocuteurs déjà esquissés, l'un avec sa bonhomie
malicieuse, l'autre avec sa naïve suffisance.

Socrate, naturellement, ne peut que féliciter Ion d'une
carrière aussi honorable. Quel bonheur doit être le sien !
il se promène toujours bien vêtu, il est obligé d'apprendre
beaucoup de beaux vers et, par conséquent, de les bien
comprendre (*Chap. I*). Ion se rengorge de plus en plus ;
Socrate, faisant toujours mine de le louer, lui dit qu'il doit
être fort, non seulement sur Homère, mais sur tous les
poètes. L'autre se récuse avec une feinte modestie : est-ce
qu'Homère ne suffit pas ? C'est ce que voulait Socrate : il
tient maintenant son adversaire. Il lui fait d'abord avouer,
par sa méthode ordinaire d'interrogation, qu'un homme qui
entend l'arithmétique saura reconnaître ceux qui calculent
mal comme ceux qui calculent bien, qu'un médecin saura
distinguer celui qui donne de mauvais conseils d'hygiène
comme celui qui en donne de bons. Mais alors, si un rhapsode reconnaît qu'Homère parle bien de certaines choses,
il doit être capable de juger les autres quand ils parlent
des mêmes choses ; et puisque Ion continue à soutenir qu'il
ne comprend rien du tout à la poésie des autres, n'est-ce
pas une preuve que sa prétendue spécialité ne mérite le
nom ni d'art, ni de science ? Voilà un premier point ac-
quis (*Chap. II-IV*).

Ion pose à Socrate une question qui se présente ici tout
naturellement, et qui va fournir à l'auteur du dialogue l'occasion de faire connaître sa propre théorie sur la poésie :
« Si l'art, dit le rhapsode, n'est pour rien dans mon apti-
tude à goûter et à faire goûter la poésie homérique, d'où
me vient donc ce talent ? » Socrate lui répond par cette célèbre explication du génie poétique, à la fois cruelle et
charmante, aussi humiliante pour le mérite personnel du
poète ou du rhapsode que flatteuse, en un sens, pour la

poésie elle-même : « Tu as bien vu quelquefois, lui dit-il[1], de ces pierres d'aimant qui attirent à elles et soutiennent des anneaux de métal; tant que ces anneaux adhèrent à l'aimant, ils peuvent attirer eux-mêmes et soutenir d'autres anneaux, et toute une chaîne se forme ainsi par la seule transmission de cette puissance attractive. Eh bien! la Muse est un aimant; elle attire le poète à elle et l'inspire; celui-ci inspire à son tour un rhapsode, et le rhapsode fait passer le même enthousiasme[2] dans ceux qui l'écoutent. Ainsi se forme une chaîne que la Muse soutient seule, et dont tous les anneaux se séparent si la Muse abandonne le premier. Le poète et le rhapsode, qui ne font que transmettre une force, comme des anneaux intermédiaires, ne sont donc rien par eux-mêmes; ils ne sont qu'un instrument entre les mains du Dieu qui les inspire. La preuve, c'est que l'un n'est bon que dans tel genre, l'autre dans tel autre; de très mauvais poètes ont pu, en un jour d'inspiration, faire des œuvres poétiques de premier ordre. Dans tout cela, on voit donc bien que le poète et le rhapsode ne sont que des êtres passifs, de simples interprètes; et les métaphores par lesquelles ils décrivent leur inspiration sont très vraies. Non seulement ils n'ont aucun art réfléchi, mais ils n'ont même pas leur bon sens : ne faut-il pas être insensé — et c'est ici que Socrate nous fournit sur la déclamation des rhapsodes les détails que nous avons rapportés plus haut, — ne faut-il pas être insensé pour s'agiter, trembler, pleurer comme si l'on était seul et en grand danger quand, bien paré et bien fêté, on parle devant de nombreux auditeurs, les faisant trembler et pleurer eux-mêmes, bien qu'aucun danger ne les menace, qu'aucun malheur ne les atteigne? » — « Mais, répond Ion avec une délicieuse naïveté, si les auditeurs pleurent, ils seront contents, me paieront bien, et je rirai ensuite. » Socrate se garde de relever, comme elle le mériterait, cette déclaration intéressée : il suffit à l'auteur de l'avoir mise dans la bouche de son personnage. Mais il confirme sa théorie générale en l'appliquant à Ion lui-même, et en lui faisant voir que, si la poésie homérique le met en verve, tandis que les vers des autres poètes le laissent froid et l'endorment, c'est un signe qu'il ne procède pas par art, mais que le génie d'Homère exerce sur lui une attraction irrésistible, qui lui ôte tout bon sens,

1. Il n'y a ici, bien entendu, que le résumé du développement.
2. Le même mot, ἔνθεος, s'applique à la fois à l'inspiration et à l'enthousiasme.

et supprime tout exercice de sa raison propre (*Chap. V-VII*).

Cette théorie exposée, Socrate n'aurait plus rien à dire si le rhapsode ne lui faisait une objection. Ion accepte, de l'explication précédente, tout ce qui semble flatter son amour-propre. Mais un point soulève ses protestations : comment peut-on dire qu'il soit hors de bon sens lorsqu'il parle si divinement sur Homère?

Pour répondre, Socrate, suivant sa coutume, va encore l'interroger; il lui demande si chaque science a un objet propre dont la connaissance lui soit spéciale. Évidemment oui. « Alors, lui dit-il, il y a dans Homère des choses dont tu ne peux juger! » Ion se récriant, Socrate lui rappelle de nombreux pasages de l'*Iliade* et de l'*Odyssée* dont le sujet spécial regarde l'art de conduire les chevaux, ou la médecine, ou la pêche, ou d'autres professions, et il lui fait avouer que l'explication compétente de ces passages appartient non au rhapsode, mais au cocher, au médecin, au pêcheur. De proche en proche, il réduit Ion à ne plus trouver à sa science qu'un seul objet, qui est l'art de faire parler comme il convient un général d'armée. Socrate n'a pas de peine à le déloger de cette dernière position, et il lui impose victorieusement le dilemme suivant : « Ou bien tu es capable de juger Homère par art et par science, τέχνη καὶ ἐπιστήμη, et alors tu es trompeur et injuste en refusant, après l'avoir promis, de me faire voir l'objet de cette science. Ou bien tu n'as aucun art, aucune science, et tes belles interprétations d'Homère ne sont que l'effet d'une inspiration dans laquelle tu n'es pour rien : alors j'ai raison de dire que tu n'as pas ton bon sens quand tu parles d'Homère. Vois si tu aimes mieux passer pour un homme injuste, ou pour un homme inspiré, ἄδικος ἢ θεῖος. »

Ion, mis en demeure de choisir, préfère se donner comme inspiré, avec toutes les conséquences que Socrate a renfermées dans l'idée de l'inspiration : inspiré, mais dépourvu d'art et de raison. C'est sur cet aveu que se termine le dialogue. (*Chap. VIII-XII.*)

§ II. — L'authenticité du dialogue.

Si l'on a eu la patience de suivre cette discussion quelquefois subtile, on aura évidemment reconnu l'art de Platon dans la manière dont le personnage plaisant pose devant nous sans s'en douter. Si Ion est forcé, à la fin, de se re-

connaître comme à peu près ridicule, il s'est jeté lui-
même dans cette impasse par la sotte naïveté avec laquelle
il a accepté et même provoqué, de la part de Socrate, une
théorie du talent poétique où son amour-propre croyait
d'abord trouver son compte. Rien de plus platonicien que
cette méthode; c'est aussi la perfection de l'art comique.

Mais les idées contenues dans le dialogue, mais l'en-
chaînement même de la discussion et le choix des détails
font-ils, au même degré, reconnaître la main de Platon?
Ici, comme sur tant de points, *grammatici certant* : il y en
a qui trouvent l'idée digne de Platon, mais non l'exécution;
il y en a d'autres qui ne peuvent admettre l'idée elle-
même. L'auteur des arguments qui figurent en tête des
dialogues dans la traduction Saisset suspectait l'authenticité
du *Ménexène;* il ne met pas en doute celle de l'*Ion.* Par
contre, Cousin, qui est partisan de l'authenticité du *Ménexène*, pense que l'idée seule de l'*Ion* appartient au philosophe. M. Huit place les deux dialogues parmi les ouvrages incertains.

Nous passerons rapidement sur les objections tirées de
la nature même des idées contenues dans le dialogue. Sur
ce point, la question, croyons-nous, est assez facile à résoudre.

Ce qui paraît, au premier abord, invraisemblable, c'est
que Platon ait parlé de la poésie avec un pareil dédain, lui
qui a, dans le *Phèdre*, placé si haut l'inspiration poétique,
et qui était poète lui-même. Nous répondrons : Platon, dans
le *Phèdre*, a montré l'excellence toute divine de l'inspiration
poétique; mais ici aussi, il montre que le poète, premier
anneau de la chaîne aimantée, reçoit directement d'un Dieu
son inspiration; il l'appelle homme divin, ἔνθεος et θεῖος. Si,
dans l'*Ion*, Platon ajoute que l'art n'a rien à voir dans la
poésie, et que le poète, instrument aveugle et passif, est,
par le fait même de l'inspiration, hors de son bon sens, il
en avait dit autant dans le *Phèdre :* « Il est une autre espèce de délire, celui qui est inspiré par les Muses... Quiconque, sans ce délire divin, veut s'avancer sur le seuil de
la poésie, dans la pensée que l'art pourra le rendre poète,
celui-là demeure bien imparfait; et la poésie d'un homme
dans son bon sens est toujours éclipsée par la poésie des
gens en délire[1]. » C'est déjà bien; mais on sait que Platon
ira plus loin encore dans la *République :* après avoir cou-

---

1. « Καὶ ἡ ποίησις ὑπὸ τῆς τῶν μαινομένων ἡ τοῦ σωφρονοῦντος
ἠφανίσθη. » *Phèdre*, p. 245 a.

ronné de fleurs Homère, un homme divin! il le chassera impitoyablement de son idéale cité.

Les idées de l'*Ion* sont donc parfaitement les idées ordinaires de Platon sur la poésie et sur les poètes. Plus que tout autre, Platon est sensible aux charmes de la poésie, et tellement sensible qu'il voit dans l'impression qu'elle produit un effet direct de la puissance divine. Mais le philosophe ne peut se résoudre à appeler science ni art ce qui échappe à toute loi précise et positive; le moraliste ne peut admettre que des hommes en délire se regardent et se fassent regarder comme des guides sûrs en toute matière et des maîtres infaillibles. Voilà pourquoi, admirant la poésie, il croit utile de rabaisser les poètes, et plus encore les rhapsodes, qui vivent de la superstition populaire à l'égard de la poésie [1] : ces sentiments qu'il a toujours eus, il les indique dans le *Phèdre*, les explique dans l'*Ion*, les pousse dans la *République* à leurs dernières conséquences. L'*Ion* a donc sa place marquée dans cet ensemble d'œuvres, et la doctrine qu'il renferme n'a rien qui puisse nous rendre inquiets sur son authenticité.

Sur la manière dont l'œuvre est réalisée, les objections sont plus graves; à ce point de vue, l'*Ion* a soulevé contre lui de nombreux griefs, que Cousin a ainsi résumés : « Excepté, dit-il, la comparaison que nous avons citée (celle du poète, du rhapsode et des auditeurs avec les anneaux d'une chaîne aimantée), il n'y a pas un passage qui rappelle la manière de Platon : peu de variété et d'abondance dans les idées, des citations longues et accumulées, un ton presque dogmatique substitué quelquefois à la modestie comique de Socrate, enfin l'absence de toute force dialectique, voilà bien des motifs pour douter au moins de l'authenticité de l'*Ion* [2]. »

Tout en faisant nos réserves sur la conclusion, nous reconnaissons dès maintenant le bien-fondé de ces critiques. Nous insisterons même sur le dernier reproche : l'œuvre manque de dialectique. Socrate se permet un horrible sophisme quand, faisant réciter au rhapsode différents passages d'Homère, il lui enlève le droit de les interpréter avec compétence, sous prétexte qu'il y est question de cer-

---

1. Ajoutons que les rhapsodes et leurs déclamations perdirent bientôt tout crédit, dans l'antiquité même. Nous lisons dans une scholie grecque de l'*Ion* : « Ῥαψῳδῆσαι λέγεται καὶ τὸ φλυαρῆσαι, ἢ τὸ ἁπλῶς λέγειν καὶ ἀπαγγεῖλαι χωρὶς ἔργου τινός. »

2. *Œuvres complètes de Platon*, traduction COUSIN, tome IV, p. 234.

taines choses spéciales dont peuvent juger, seuls, les hommes du métier. Pour le coup, la prétention de Socrate est
étrange! et Ion est vraiment ici de bonne composition, car
il avait beau jeu contre son subtil adversaire. Mais s'il n'a
pas voulu répondre à Socrate, un autre s'en est chargé à
sa place, et voici ce que dit Aristote dans sa *Poétique*, au
chapitre xxv : « Il n'y a pas d'identité entre la perfection
au point de vue moral et la perfection au point de vue poétique, ni, en général, entre la perfection au point de vue de
n'importe quel art et la perfection au point de vue de la
poésie. En poésie même, il y a donc deux sortes de fautes :
les fautes contre la poétique, et les erreurs de fait[1]. » Si
Ion avait voulu, comme il aurait écrasé Socrate avec cette
simple distinction ! « Il appartient au médecin, aurait-il
dit, de contrôler les remèdes décrits par Homère, au cocher de juger la manière dont il fait conduire les chevaux,
au pilote d'apprécier la valeur pratique des mouvements
qu'il fait accomplir par les matelots, et ainsi de suite : tout
cela est la partie technique qui ne me regarde pas. Mais tout
cela est exprimé par le poète dans un certain style, de manière à produire une certaine impression; c'est là ce qui
pourra être parfait ou défectueux au point de vue poétique,
et c'est ce que moi, interprète du poète, j'ai le droit et les
moyens de juger. » Voilà qui eût été sans réplique; malheureusement, Ion n'a dit aucune de ces belles choses.
Que la faute en soit à la mauvaise foi ou à l'insuffisance de
l'auteur, il est donc vrai que la dialectique du dialogue est
faible.

Qu'en faut-il conclure? Voilà un ouvrage qui renferme,
de l'aveu de tous, un morceau admirable, un morceau bien
digne de Platon et que Platon seul, semble-t-il, pouvait
écrire; à côté se trouvent quelques pages certainement plus
faibles. Quel est donc le plus vraisemblable? Qu'un auteur
médiocre ait, par hasard, écrit une page magnifique, ou
que Platon ait été, par fatigue ou par négligence, inégal
à lui-même? M. A. Croiset[2], qui se pose cette question à
un point de vue général en comparant les différents procédés des critiques, se prononce sans hésiter pour la seconde
alternative; et pour l'*Ion*, en particulier, il le laisse tout
entier à Platon. Peut-être, pourrait-on on dire que le dia-

---

1. Οὐχ ἡ αὐτὴ ὀρθότης ἐστὶ τῆς πολιτικῆς καὶ τῆς ποιητικῆς, οὐδὲ
ἄλλης τέχνης καὶ ποιητικῆς. Αὐτῆς δὲ τῆς ποιητικῆς διττὴ ἡ ἁμαρ-
τία, ἡ μὲν γὰρ καθ' αὑτήν, ἡ δὲ κατὰ συμβεβηκός.

2. CROISET, *Histoire de la Littérature grecque*, tome IV, p. 268.

logue, demeuré inachevé, a été terminé par quelque disciple du philosophe. Mais, on ne doit pas, logiquement, aller plus loin. Qui peut plus peut moins : un grand écrivain peut laisser échapper une page médiocre ; mais prétendre, parce que la fin de l'*Ion* est au-dessous du niveau ordinaire de la dialectique platonicienne, que la partie centrale et importante du dialogue, si parfaite qu'elle soit, n'est pas de Platon, c'est évidemment tirer une conclusion qui dépasse de beaucoup les prémisses.

Telle est, simplement exprimée, l'opinion qui nous paraît la plus raisonnable. A ceux qui étudieront ces dialogues de pousser plus loin, s'ils le veulent, la discussion de ces problèmes : les recherches auxquelles ils se livreront seront pour eux, sans aucun doute, aussi profitables qu'intéressantes. En tout cas, plus ils liront ces chefs-d'œuvre, plus ils goûteront le charme particulier de la langue platonicienne. Que les jeunes humanistes abordent sans crainte cet ouvrage, nouveau pour eux. Nous avons tout fait pour leur en rendre l'étude facile, non en les dispensant de l'effort intellectuel, mais en cherchant à diriger leur travail et à leur épargner les fatigues stériles. Ils trouveront ici, nous l'espérons, un texte clair et un commentaire suffisant. Nous le disons d'autant plus librement que nous reconnaissons devoir beaucoup aux savants contemporains qui ont exercé leur critique sur les dialogues de Platon. Hermann et Schanz pour le texte, Stallbaum pour le commentaire, ont été nos auxiliaires les plus précieux. Pour le *Ménexène,* nous avons mis aussi à profit les excellentes notes en anglais que renferme l'élégante édition de M. Graves, professeur au collège Saint-Jean, à Cambridge. Plaise à Dieu que nous ayons su tirer un bon parti de tant de secours, et que nos efforts contribuent à faire mieux goûter des jeunes gens la langue consacrée à la fois par les plus belles œuvres de l'antiquité profane et par les premiers écrits de la théologie chrétienne !

Les chiffres et les lettres placés en marge indiquent la pagination de l'édition *princeps*, à laquelle on est convenu de se reporter pour les références.

Les chiffres que l'on trouvera dans les notes, précédés de l'indication *Gr.*, §, renvoient à la *Grammaire grecque* complète de M. l'abbé Ragon, 10ᵉ édition.

ΜΕΝΕΞΕΝΟΣ

ἢ Ἐπιτάφιος[1].

ΤΑ ΤΟΥ ΔΙΑΛΟΓΟΥ ΠΡΟΣΩΠΑ

ΣΩΚΡΑΤΗΣ, ΜΕΝΕΞΕΝΟΣ.

I. Socrate rencontre Ménexène, lui demande d'où il vient, et apprend de lui qu'on va choisir un orateur pour prononcer l'oraison funèbre des Athéniens morts à la guerre.

ΣΩ. Ἐξ ἀγορᾶς ἢ πόθεν Μενέξενος[2];

ΜΕΝ. Ἐξ ἀγορᾶς, ὦ Σώκρατες, καὶ ἀπὸ τοῦ βουλευτηρίου[3].

ΣΩ. Τί μάλιστα σὺ[4] πρὸς βουλευτήριον; ἢ δῆ-

1. C'est par ce mot Ἐπιτάφιος, qu'on lit en sous-titre dans tous les manuscrits, que les anciens désignaient ordinairement le *Ménexène*. Aristote, citant une phrase de notre dialogue (cf. plus bas, p. 27, note 4) indique en effet de la manière suivante l'ouvrage d'où il tire la citation : ὃ γὰρ λέγει Σωκράτης ἐν τῷ ἐπιταφίῳ. (*Rhét.*, p. 1415 B, 30.)

2. Il est facile de suppléer, après ce nominatif, un verbe comme ἥκει. Horace emploie une construction analogue quand il écrit, *Sat.* II, 4, 1 : *Unde et quo Catius?* Rapprochez encore de ce passage le début de la IXᵉ églogue de Virgile où, le nom propre étant au vocatif, il y a ellipse d'un verbe à la seconde personne : *Quo te, Mœri, pedes?*

3. Βουλευτηρίου, palais où se réunissait, à Athènes, le Conseil des Cinq-Cents, chargé de préparer les projets de loi.

4. Μάλιστα se place ainsi assez souvent, auprès d'un mot interrogatif, pour amener une réponse précise. Cf. *Criton*, 43, A : Πηνίκα μάλιστα; *Quelle heure au juste?* — Remarquez qu'il n'y a pas encore un seul verbe exprimé : il faut entendre ici quelque chose comme τί μάλιστα σὺ ποιήσων ἀφίκου...; Au lieu de σύ, un manuscrit (le *Venetus* 189) porte σοί; il faut alors expliquer : τί σοι ποιητέον ἦν;

λα ¹ δὴ ὅτι παιδεύσεως καὶ φιλοσοφίας ἐπὶ τέλει ἡγεῖ
εἶναι, καὶ ὡς ἱκανῶς ἤδη ἔχων ² ἐπὶ τὰ μείζω ἐπινοεῖς
τρέπεσθαι, καὶ ἄρχειν ἡμῶν, ὦ θαυμάσιε, ἐπιχειρεῖς τῶν
B πρεσβυτέρων ³ τηλικοῦτος ὤν, ἵνα μὴ ἐκλίπη ὑμῶν ἡ
οἰκία ἀεί τινα ἡμῶν ἐπιμελητὴν παρεχομένη ⁴ ;

MEN. Ἐὰν σύ γε, ὦ Σώκρατες, ἐᾷς καὶ συμβου-
λεύῃς ἄρχειν, προθυμήσομαι· εἰ δὲ μή, οὔ. Νῦν μέντοι
ἀφικόμην πρὸς τὸ βουλευτήριον πυθόμενος ὅτι ἡ βουλὴ
μέλλει ⁵ αἱρεῖσθαι ὅστις ἐρεῖ ἐπὶ τοῖς ἀποθανοῦσι ⁶·
ταφὰς γὰρ οἶσθα ὅτι μέλλουσι ποιεῖν ⁷.

ΣΩ. Πάνυ γε· ἀλλὰ τίνα εἵλοντο;

MEN. Οὐδένα, ἀλλὰ ἀνεβάλοντο εἰς τὴν αὔριον.
Οἶμαι μέντοι Ἀρχῖνον ἢ Δίωνα ⁸ αἱρεθήσεσθαι.

1. **Δῆλα**, suppléez ἐστί. On trouvera un peu plus bas (p. 28, l. 10) δῆλον construit de la même façon. L'adjectif attribut, dans les expressions impersonnelles, se met à peu près indifféremment au neutre singulier ou pluriel. — Ce second membre interrogatif, relié au précédent par ἤ, en latin *an*, renferme l'explication à laquelle s'attache, par avance, la pensée de celui qui interroge. Le sens est donc : « Mais pourquoi te questionner? *n'est-il pas* évident que...? »

2. Pour le sens du participe accompagné de ὡς, cf. *Gr.*, § 310. — Ἱκανῶς ἔχω a exactement le même sens que ἱκανός εἰμι.

3. Ce génitif est une apposition à ἡμῶν. — Remarquez qu'en grec la place seule des mots suffit à faire ressortir des oppositions (πρεσβυτέρων τηλικοῦτος) que nous ne pouvons souvent, en français, marquer qu'à l'aide de constructions auxiliaires.

4. Ἐκλίπη... παρεχομένη. Cf. *Gr.*, § 317. — Voyez dans l'*Introduction*, p. 6, ce que nous

savons de la famille de Ménexène.

5. **Μέλλει** pourrait être remplacé par μέλλοι, le verbe principal étant au passé; mais cette substitution n'est pas obligatoire (*Gr.*, § 239). La même observation s'applique au futur ἐρεῖ.

6. Il s'agit, comme on le verra par la suite de l'ouvrage, des guerriers morts dans la guerre soutenue par les Athéniens contre le roi de Sparte Agésilas.

7. Ne pas confondre cet actif ποιεῖν avec le moyen ποιεῖσθαι. Ποιεῖν ταφάς se dit de magistrats qui décrètent, qui font célébrer les funérailles; ταφὰς ποιεῖσθαι, de ceux qui les célèbrent eux-mêmes, pour leur compte personnel. Il y a une différence analogue entre πόλεμον ποιεῖν, *susciter une guerre*, et πόλεμον ποιεῖσθαι, *faire la guerre*. En conséquence, le sujet de μέλλουσι est οἱ βουλευταί, dont l'idée est contenue dans le mot βουλή qui précède.

8. Nous ne savons rien de ces deux orateurs, sinon qu'Archinos fut, avec Thrasybule, un des champions de la démocratie.

II. Socrate loue ironiquement l'éloquence des panégyristes
officiels.

ΣΩ. Καὶ μὴν, ὦ Μενέξενε, πολλαχῇ κινδυνεύει C
καλὸν εἶναι¹ τὸ ἐν πολέμῳ ἀποθνήσκειν. Καὶ γὰρ
ταφῆς καλῆς τε καὶ μεγαλοπρεποῦς τυγχάνει² καὶ³
ἐὰν πένης τις ὢν τελευτήσῃ, καὶ ἐπαίνου αὖ ἔτυχε⁴,
καὶ ἐὰν φαῦλος ᾖ, ὑπ' ἀνδρῶν⁵ σοφῶν τε καὶ οὐκ εἰκῇ
ἐπαινούντων, ἀλλ' ἐκ πολλοῦ χρόνου λόγους παρ-
εσκευασμένων, οἳ οὕτω καλῶς ἐπαινοῦσιν, ὥστε καὶ τὰ
προσόντα καὶ τὰ μὴ⁶ περὶ ἑκάστου λέγοντες, κάλλιστά
πως τοῖς ὀνόμασι⁷ ποικίλλοντες, γοητεύουσιν⁸ ἡμῶν 235
τὰς ψυχὰς, καὶ τὴν πόλιν ἐγκωμιάζοντες κατὰ πάντας A
τρόπους καὶ τοὺς τετελευτηκότας ἐν τῷ πολέμῳ καὶ
τοὺς προγόνους ἡμῶν ἅπαντας τοὺς ἔμπροσθεν καὶ αὐτοὺς ἡμᾶς τοὺς ἔτι ζῶντας ἐπαινοῦντες, ὥστ' ἔγωγε,
ὦ Μενέξενε, γενναίως πάνυ διατίθεμαι⁹ ἐπαινούμενος

1. **Κινδυνεύει καλὸν εἶναι**
est une atténuation de langage
pour καλόν ἐστι. Nous disons à peu
près de même en français : *il y a
des chances pour que...*, c'est-à-dire
il y a des raisons de croire que...
2. Le sujet de τυγχάνει n'est
pas exprimé. Mais il est facile de
le suppléer, en se rappelant que
ἐάν τις équivaut complètement à
ὅστις ἄν = *quicumque.*
3. Ce καὶ, comme celui qui
est, une ligne plus bas, devant
la proposition ἐὰν φαῦλος ᾖ, est
adverbe et signifie *même.* Le καὶ
qui précède ἐπαίνου est au contraire conjonction, et sert à re-
lier les deux verbes τυγχάνει,
ἔτυχε.
4. **Ἔτυχε.** Aoriste d'habitude ou gnomique. (*Gr.,* § 219.)
5. Il y a équivalence complète,
pour le sens, entre ἐπαίνου τυγ-

χάνειν et ἐπαινεῖσθαι : c'est ce
qui explique ici l'emploi du génitif avec ὑπό, construction ordinaire après un verbe passif.
6. **Τὰ μὴ**, suppléez προσόντα.
Il y a ici la négation μὴ parce que
la pensée est générale et hypothé-
tique; l'auteur aurait pu écrire :
ἐάν τινα μὴ προσῇ.
7. **Ὄνομα** se dit du *mot* en
lui-même, envisagé comme élé-
ment grammatical, tandis que
λόγος, c'est la pensée, ou la parole
en tant qu'elle exprime la pensée.
8. **Γοητεύειν**, *ensorceler, fas-
ciner,* de γόης, *sorcier* ou *charla-
tan.*
9. **Γενναίως διατίθεμαι** (ou
διάκειμαι) signifie à peu près la
même chose que γενναῖός εἰμι,
mais indique plutôt une disposi-
tion passagère.

B ὑπ' αὐτῶν, καὶ ἐκάστοτε ἕστηκα ἀκροώμενος καὶ κη-
λούμενος ¹, ἡγούμενος ἐν τῷ παραχρῆμα μείζων καὶ
γεννκιότερος καὶ καλλίων γεγονέναι. Καὶ οἶα δὴ τὰ
πολλὰ ² ἀεὶ μετ' ἐμοῦ ξένοι τινὲς ἕπονται καὶ ξυν-
ακροῶνται, πρὸς οὓς ἐγὼ σεμνότερος ἐν τῷ παραχρῆμα
γίγνομαι· καὶ γὰρ ἐκεῖνοι ταὐτὰ ταῦτα δοκοῦσί μοι ³
πάσχειν ⁴ καὶ πρὸς ἐμὲ καὶ πρὸς τὴν ἄλλην ⁵ πόλιν,
θαυμασιωτέραν αὐτὴν ἡγεῖσθαι ⁶ εἶναι ἢ πρότερον, ὑπὸ
C τοῦ λέγοντος ἀναπειθόμενοι. Καί μοι αὕτη ·⁾ σεμνό-
της ⁷ παραμένει ἡμέρας πλεῖν ⁸ ἢ τρεῖς, οὕτως ἔναυλος ⁹ ὁ λόγος τε καὶ ὁ φθόγγος παρὰ τοῦ λέγοντος
ἐνδύεται εἰς τὰ ὦτα, ὥστε μόγις τετάρτῃ ἢ πέμπτῃ
ἡμέρᾳ ἀναμιμνήσκομαι ἐμαυτοῦ καὶ αἰσθάνομαι οὗ
γῆς ¹⁰ εἰμι, τέως δὲ οἶμαι μόνον οὐκ ¹¹ ἐν μακάρων
νήσοις οἰκεῖν· οὕτως ἡμῖν οἱ ῥήτορες δεξιοί εἰσιν.

1. De κηλεῖν, *charmer.*

2. **Οἶα τὰ πολλά**, ou ὡς τὰ
πολλά, correspond au latin *ut
plerumque* et signifie « comme il
arrive le plus souvent. » On voit
qu'il serait absurde, après cette
expression, de traduire ἀεί par
toujours. Ἀεί signifie ici « chaque fois, à chacun de ces discours ».

3. Ce datif sert de complément
à ταὐτά (= τὰ αὐτά). Cf. *Gr.*,
§ 170.

4. **Πάσχειν τι** signifie proprement « éprouver une impression. »

5. Ainsi précédé de l'article,
ἄλλην est synonyme de λοιπήν : en
latin, *reliquam civitatem.* Le pluriel τοὺς ἄλλους πολίτας aurait eu
le même sens.

6. Ἡγεῖσθαι reprend, en la
précisant, l'idée contenue dans
l'expression précédente ταῦτά μοι
πάσχειν.

7. Entendez « le sentiment de
ma dignité », plutôt que « ma dignité. »

8. **Πλεῖν** est une forme attique du neutre πλεόν, usitée seulement à côté des noms de nombre. C'est Cobet qui a proposé ici
cette forme, pour remplacer le
pluriel πλείω, donné par tous les
manuscrits, mais moins clair et
d'une correction peu sûre.

9. Ἔναυλος se dit d'une parole, d'un son, qui, récemment
entendus, semblent encore vibrer
dans l'oreille.

10. Γῆς est un génitif partitif
dépendant de l'adverbe οὗ. Cf.
Gr., § 164, Rem. II.

11. Expliquez ensemble μόνον
οὐ = *presque.*

III. Socrate affirme que ces orateurs n'ont pas une tâche bien difficile à remplir : il se chargerait lui-même de cette besogne, s'il le fallait.

MEN. Ἀεὶ σὺ προσπαίζεις, ὦ Σώκρατες, τοὺς ῥήτορας. Νῦν μέντοι οἶμαι ἐγὼ τὸν αἱρεθέντα οὐ πάνυ [1] εὐπορήσειν· ἐξ ὑπογύου [2] γὰρ παντάπασιν ἡ αἵρεσις γέγονεν, ὥστε ἴσως ἀναγκασθήσεται ὁ λέγων ὥσπερ αὐτοσχεδιάζειν.

ΣΩ. Πόθεν, ὦ 'γαθέ; εἰσὶν ἑκάστοις τούτων λόγοι [D] παρεσκευασμένοι [3], καὶ ἅμα οὐδὲ αὐτοσχεδιάζειν τά γε τοιαῦτα χαλεπόν. Εἰ μὲν γὰρ δέοι Ἀθηναίους ἐν Πελοποννησίοις εὖ λέγειν ἢ Πελοποννησίους ἐν Ἀθηναίοις [4], ἀγαθοῦ ἂν [5] ῥήτορος δέοι τοῦ πείσοντος καὶ εὐδοκιμήσοντος [6]· ὅταν δέ τις ἐν τούτοις ἀγωνίζηται, οὕσπερ καὶ ἐπαινεῖ, οὐδὲν μέγα [7] δοκεῖν εὖ λέγειν.

MEN. Οὐκ οἴει, ὦ Σώκρατες; [E]

---

1. Littéralement, οὐ πάνυ signifie « pas tout à fait », en latin non omnino. Mais, la plupart du temps, cette expression est employée, par une sorte d'euphémisme familière aux Attiques, dans le sens de omnino non, « pas du tout ». C'est ainsi que οὐ πλέον signifie souvent moins, que οὔ φημι veut dire je nie, etc.

2. Ὑπόγυος se dit proprement de ce qui est sous la main; de là, au figuré, de ce qui est proche, immédiat; et enfin de ce qui se fait immédiatement, sans préparation. ISOCRATE, Panég., 43, 11, rappelant l'excuse habituelle des orateurs publics, leur fait dire « ὡς ἐξ ὑπογύου γέγονεν αὐτοῖς ἡ παρασκευή. »

3. On se rend bien compte ici du sens du parfait : il s'agit de discours qui se trouvent tout préparés. En ce passage, nous avons affaire à un passif; la même forme, à la page 25, l. 8, était un parfait moyen et s'appliquait à ces orateurs qui possèdent des discours tout préparés. Au moyen comme au passif, le parfait est donc un temps présent, marquant l'accomplissement actuel d'une action faite ou subie.

4. C'est là la phrase fameuse citée par Aristote (voir page 23, note 1.)

5. Remarquez la place de ἄν : cette particule est placée immédiatement après ἀγαθοῦ, parce que c'est l'idée exprimée par ἀγαθοῦ qui est en correspondance avec la proposition conditionnelle qui précède.

6. Pour le sens de ces participes futurs précédés de l'article, cf. Gr., § 300.

7. Suppléez ἐστί. Οὐδὲν μέγα est attribut, δοκεῖν sujet.

ΣΩ. Οὐ μέντοι μὰ Δία.

MEN. Ἦ οἴει οἷός τ᾽ ἂν εἶναι [1] αὐτός εἰπεῖν, εἰ δέοι καὶ ἕλοιτό σε ἡ βουλή;

ΣΩ. Καὶ ἐμοὶ μέν γε, ὦ Μενέξενε, οὐδὲν θαυμαστὸν οἵῳ τ᾽ εἶναι εἰπεῖν, ᾧ[2] τυγχάνει διδάσκαλος οὖσα οὐ πάνυ[3] φαύλη περὶ ῥητορικῆς, ἀλλ᾽ ἥπερ καὶ ἄλλους πολλοὺς καὶ ἀγαθοὺς πεποίηκε ῥήτορας, ἕνα δὲ καὶ διαφέροντα τῶν Ἑλλήνων, Περικλέα [4] τὸν Ξανθίππου.

MEN. Τίς αὕτη; ἢ δῆλον[5] ὅτι Ἀσπασίαν[6] λέγεις;

ΣΩ. Λέγω γάρ, καὶ Κόννον[7] γε τὸν Μητροβίου· 236 οὗτοι γάρ μοι δύο εἰσὶ διδάσκαλοι, ὁ μὲν μουσικῆς, ἡ A δὲ ῥητορικῆς. Οὕτω μὲν οὖν τρεφόμενον ἄνδρα οὐδὲν θαυμαστὸν δεινὸν εἶναι λέγειν· ἀλλὰ καὶ ὅστις ἐμοῦ κάκιον ἐπαιδεύθη[8], μουσικὴν μὲν ὑπὸ Λάμπρου[9] παι-

1. La particule ἂν donne à l'infinitif εἶναι un sens conditionnel; c'est-à-dire que, si le verbe principal permettait cette construction, on pourrait, sans changer le sens, remplacer ἂν εἶναι par ὅτι ἂν εἴης.

2. ᾯι a ici une valeur explicative = ἐμοὶ γάρ.

3. Οὐ πάνυ. Cf. p. 27, n. 1.

4. Périclès, fils de Xantippe, naquit en 499. Longtemps chef, à Athènes, du parti démocratique, il maintint la supériorité politique de sa patrie et contribua plus que tout autre à lui assurer la supériorité artistique. Il mourut de la peste en 429.

5. Cf. p. 24, n. 1.

6. Aspasie, de Milet, femme célèbre par sa beauté et son esprit. Elle passa la plus grande partie de sa vie à Athènes, fut mariée à Périclès, et, après la mort de ce dernier, à Lysiclès.

7. Platon cite également le nom de ce musicien dans l'*Euthydème*, p. 272, c. D'après ce passage, Connos aurait donné des leçons de cithare à Socrate déjà vieux, ce qui le faisait appeler par les enfants γεροντοδιδάσκαλος.

8. Ὅστις ἐπαιδεύθη équivaut à εἰ τις ἐπαιδεύθη. Aussi la particule ἂν n'a-t-elle pas à figurer dans cette expression, bien que la traduction en français demande l'emploi d'un conditionnel : *quelqu'un qui aurait été élevé...* Cf. *Gr.*, § 280, Rem.

9. Λάμπρου. C'est le nom, d'un musicien célèbre de l'époque. Nous ne connaissons rien de sa vie, bien que CORNELIUS NEPOS (*Epaminondas*, II, 1) le range parmi ceux *quorum pervulgata sunt nomina.* ATHÉNÉE (II, 21, 44) nous dit qu'il était buveur d'eau, et cite sur lui quelques vers satiriques de Phrynichos.

δευθεὶς, ῥητορικὴν δὲ ὑπ' Ἀντιφῶντος[1] τοῦ Ῥαμνου-
σίου, ὅμως κἂν[2] οὗτος οἷός τ' εἴη Ἀθηναίους γε ἐν
Ἀθηναίοις ἐπαινῶν εὐδοκιμεῖν.

IV. D'ailleurs Aspasie, sa maîtresse d'éloquence, a prononcé devant lui, tout récemment, un discours de ce genre. Ménexène
prie Socrate de le lui réciter.

MEN. Καὶ τί ἂν ἔχοις εἰπεῖν, εἰ δέοι σε λέγειν;

ΣΩ. Αὐτὸς μὲν παρ' ἐμαυτοῦ ἴσως οὐδέν, Ἀσπασίας
δὲ καὶ χθὲς ἠκροώμην περαινούσης ἐπιτάφιον λόγον περὶ
αὐτῶν τούτων. Ἤκουσε γὰρ ἅπερ σὺ λέγεις, ὅτι μέλ- B
λοιεν Ἀθηναῖοι αἱρεῖσθαι τὸν ἐροῦντα. Ἔπειτα τὰ μὲν
ἐκ τοῦ παραχρῆμά μοι διῄει, οἷα δέοι[3] λέγειν, τὰ δὲ
πρότερον ἐσκεμμένη[4], ὅτε μοι δοκεῖ[5] συνετίθει τὸν
ἐπιτάφιον λόγον, ὃν Περικλῆς εἶπε[6], περιλείμματ'
ἄττα ἐξ ἐκείνου συγκολλῶσα.

MEN. Ἦ καὶ μνημονεύσαις ἂν ἃ ἔλεγεν Ἀσπασία;

Ailleurs (XI, 115, 506) il reproche à Platon de s'être moqué de lui dans le *Ménexène*, ainsi que de l'orateur Antiphon. Athénée n'avait pas compris l'intention ironique de l'auteur. Voyez l'*Introduction*, p. 12.

1. Antiphon, du dème de Rhamnonte, est le premier en date des vrais orateurs attiques. Il fut condamné à mort en 411 à cause de la part qu'il avait prise au mouvement oligarchique et au gouvernement des Quatre-Cents. Thucydide (VIII, 68) fait le plus grand éloge de sa vertu et de son éloquence.

2. Κἄν, crase pour καὶ ἄν. Καί signifie ici *même*, et la particule ἄν doit être jointe au verbe εἴη.

3. Δέοι est substitué à δεῖ, parce que le verbe principal, διῄει, est au passé. Διῄει est l'imparfait de δίειμι, que l'on remplace ordinairement, au présent, par διέρχομαι.

4. Πρότερον ἐσκεμμένη est opposé aux mots ἐκ τοῦ παραχρῆμα. Le verbe διῄει est commun aux deux membres.

5. Μοι δοκεῖ foi une parenthèse, n'influant en rien sur la construction du reste de la phrase. C'est une atténuation apportée à l'affirmation contenue dans συνετίθει.

6. Il s'agit ici de l'oraison funèbre prononcée par Périclès en l'honneur des soldats tués pendant la première année de la guerre de Péloponnèse. Thucydide a refait ce discours dans son histoire, II, 35-46.

ΣΩ. Εἰ μὴ ἀδικῶ γε· ἐμάνθανόν γέ τοι παρ' αὐτῆς,
C καὶ ὀλίγου [1] πληγὰς ἔλαβον, ὅτι ἐπελανθανόμην.

ΜΕΝ. Τί οὖν οὐ διῆλθες [2];

ΣΩ. Ἀλλ' ὅπως μή μοι χαλεπανεῖ [3] ἡ διδάσκαλος,
ἂν ἐξενέγκω αὐτῆς τὸν λόγον.

ΜΕΝ. Μηδαμῶς [4], ὦ Σώκρατες, ἀλλ' εἰπέ, καὶ
πάνυ μοι χαριεῖ [5], εἴτε Ἀσπασίας [6] βούλει λέγειν εἴτε
ὁτουοῦν· ἀλλὰ μόνον εἰπέ.

ΣΩ. Ἀλλ' ἴσως μου καταγελάσει, ἄν σοι δόξω πρε-
σβύτης ὢν ἔτι παίζειν.

ΜΕΝ. Οὐδαμῶς, ὦ Σώκρατες, ἀλλ' εἰπὲ παντὶ
τρόπῳ.

V. Socrate s'exécute. Exorde, proposition et divisions du discours.

ΣΩ. Ἀλλὰ μέντοι σοί γε δεῖ χαρίζεσθαι, ὥστε
D κἂν ὀλίγου [7], εἰ με κελεύοις ἀποδύντα [8] ὀρχήσασθαι,
χαρισαίμην ἄν, ἐπειδή γε μόνω ἐσμέν. Ἀλλ' ἄκουε.
Ἔλεγε γάρ, ὡς ἐγῷμαι, ἀρξαμένη λέγειν ἀπ' αὐτῶν
τῶν τεθνεώτων οὑτωσί.

1. L'expression complète est ὀλίγου δεῖν (Gr., § 294).

2. L'aoriste donne plus de viva-cité à la demande : il semble que la chose aurait déjà dû être faite.

3. Voyez Gr., § 246.

4. Les dernières paroles de So-crate exprimaient une crainte; c'est de cette crainte que Mé-nexène veut l'affranchir. Suppléez donc, après μηδαμῶς, une expres-sion comme τοῦτο δείσῃς, qui ex-pliquera suffisamment l'emploi de la négation μή.

5. Χαριεῖ est la seconde per-sonne de χαριοῦμαι, seul futur attique de χαρίζομαι. — Βούλει et, un peu plus bas, καταγελάσει sont de même des secondes per-sonnes.

6. Le génitif Ἀσπασίας dépend des mots τὸν λόγον, que Socrate vient de prononcer, et que Mé-nexène n'a pas besoin de repren-dre.

7. La particule ἄν, contenue dans κἄν, tombe sur le verbe χαρισαίμην, auprès duquel elle sera répétée. — Pour ὀλίγον, cf. même page, n. 1.

8. Les danseurs quittaient leur vêtement de dessus, leur man-teau, pour ne pas être gênés dans leurs évolutions.

Éloge funèbre des Athéniens morts à la guerre.

Ἔργῳ μὲν [1] ἡμῖν [2] οἵδε ἔχουσι τὰ προσήκοντα σφίσιν αὐτοῖς, ὧν τυχόντες πορεύονται τὴν εἰμαρμένην
πορείαν, προπεμφθέντες κοινῇ μὲν ὑπὸ τῆς πόλεως, ἰδίᾳ
δὲ ὑπὸ τῶν οἰκείων· λόγῳ δὲ δὴ τὸν λειπόμενον [3] κόσ-
μον ὅ τε νόμος προστάττει ἀποδοῦναι τοῖς ἀνδράσι καὶ E
χρή. Ἔργων γὰρ εὖ πραχθέντων λόγῳ καλῶς ῥηθέντι [4]
μνήμη καὶ κόσμος τοῖς πράξασι γίγνεται παρὰ τῶν
ἀκουσάντων· δεῖ δὴ τοιούτου τινὸς λόγου, ὅστις τοὺς
μὲν τετελευτηκότας ἱκανῶς ἐπαινέσεται [5], τοῖς δὲ ζῶσιν εὐμενῶς παραινέσεται, ἐκγόνοις μὲν καὶ ἀδελφοῖς
μιμεῖσθαι τὴν τῶνδε ἀρετὴν παρακελευόμενος, πατέρας
δὲ καὶ μητέρας καὶ εἴ τινες τῶν ἄνωθεν ἔτι προγόνων
λείπονται, τούτους δὲ [6] παραμυθούμενος. Τίς οὖν ἂν 237
ἡμῖν τοιοῦτος λόγος φανείη; Ἢ πόθεν [7] ἂν ὀρθῶς ἄρξαι- A

1. **Ἔργῳ μὲν** est opposé à λόγῳ δέ, qui commence le second membre de la même phrase. Par ce mot ἔργῳ, Socrate désigne la cérémonie même des funérailles. — Cette distinction, mise ainsi en évidence au commencement du discours, est une imitation plaisante des artifices de la rhétorique.

2. Ce datif ἡμῖν est analogue à celui que l'on rencontre auprès du parfait passif (*Gr.*, § 173). Car le sens est le même que s'il y avait : εἰργασμένα ἡμῖν ἐστι τὰ προσήκοντα αὐτοῖς.

3. **Λειπόμενον** a à peu près le même sens que λοιπόν. Traduisez : « Qui leur reste encore dû ».

4. **Λόγῳ ῥηθέντι** est un datif de moyen (*Gr.*, § 172), et τοῖς πράξασι un datif d'intérêt (§ 171).

5. Pour l'emploi de cet indi-

catif futur après ὅστις, dans un sens consécutif, cf. *Gr.*, § 269.

6. **Τούτους** est la reprise, en un seul mot, des compléments πατέρας, μητέρας, προγόνους, qui précèdent. D'où la particule δέ qui le suit, et qui n'est que la répétition du δέ qui suit le mot πατέρας. Μέν se trouve aussi, parfois, répété de la même façon ; mais cette répétition n'a *jamais* lieu qu'après un mot démonstratif résumant ce qui précède. Cf. XÉNOPHON, *Hiéron*, IX, 2 : Τὸ μὲν διδάσκει, ἃ ἔστι βέλτιστα,... αὕτη μὲν ἡ ἐπιμέλεια διὰ χαρίτων γίγνεται· τὸ δὲ τὸν ἐνδεῶς τι ποιοῦντα λοιδορεῖν,... ταῦτα δὲ δι᾽ ἀπεχθείας γίγνεται.

7. Remarquez l'adverbe interrogatif πόθεν devant le verbe ἄρχεσθαι. Plus haut, le même verbe avait été construit avec ἀπό et le génitif. Ces deux constructions

μεθχ ἄνδρας ἀγαθοὺς ἐπαινοῦντες, οἳ ζῶντές τε τοὺς
ἑαυτῶν εὔφραινον δι' ἀρετὴν, καὶ τὴν τελευτὴν ἀντὶ
τῆς τῶν ζώντων σωτηρίας ἠλλάξαντο¹; Δοκεῖ μοι
χρῆναι κατὰ φύσιν, ὥσπερ ἀγαθοὶ ἐγένοντο, οὕτω καὶ
ἐπαινεῖν αὐτούς. Ἀγαθοὶ δ' ἐγένοντο διὰ τὸ φῦναι ἐξ
ἀγαθῶν. Τὴν εὐγένειαν οὖν πρῶτον αὐτῶν ἐγκωμιάζω-
B μεν, δεύτερον δὲ τροφήν τε καὶ παιδείαν· ἐπὶ δὲ τούτοις τὴν τῶν ἔργων πρᾶξιν ἐπιδείξωμεν, ὡς καλὴν καὶ
ἀξίαν τούτων² ἀπεφήναντο³.

VI. Les parents de ces guerriers étaient nobles, car ils étaient
issus de la terre même où ils vécurent.

Τῆς δ' εὐγενείας πρῶτον ὑπῆρξε⁴ τοῖσδε ἡ τῶν
προγόνων γένεσις οὐκ ἔπηλυς⁵ οὖσα, οὐδὲ τοὺς ἐκγόνους
τούτους ἀποφηναμένη⁶ μετοικοῦντας⁷ ἐν τῇ χώρᾳ
ἄλλοθεν σφῶν ἡκόντων⁸, ἀλλ' αὐτόχθονας καὶ τῷ ὄντι

sont analogues, et ce sont les seules qui conviennent pour indiquer le *point de départ*.

1. **Ἀλλάττεσθαι ἀντὶ...**, *changer contre*, et, par conséquent, *recevoir en échange de...*

2. **Τούτων**, c.-à-d. τῆς εὐγενείας καὶ τῆς τροφῆς τε καὶ παιδείας.

3. Voilà donc indiqués non seulement le sujet du discours, et son plan général, mais toutes ses subdivisions : cette insistance serait ridicule, si elle n'était pas ironique et destinée à reproduire, même en l'exagérant, la manière ordinaire des rhéteurs. Cf. l'*Introduction*, p. 11.

4. **Ὑπάρχειν** est accompagné du génitif suivant la règle des verbes qui signifient *commencer*. (Cf. *Gr*. § 167, 2°). La préposition ὑπὸ lui donne ici une nuance spéciale : *être le fondement*.

5. **Ἔπηλυς** (= ἄλλοθεν ἐπεληλυθώς) s'applique proprement aux ancêtres, et à leur origine (γένεσις), par hypallage.

6. **Ἀποφηναμένη** (participe aoriste de ἀποφαίνεσθαι) est au moyen parce qu'il s'agit de ce que l'origine des ancêtres a produit sur *leurs propres* descendants. « Ils n'étaient pas étrangers, dit l'orateur, et par conséquent ils n'ont pas donné à leurs descendants le caractère de métèques. »

7. **Μετοικεῖν** est le mot propre qui sert à définir l'état d'une personne domiciliée en pays étranger.

8. L'auteur oublie maintenant l'hypallage qu'il a faite un peu plus haut, et emploie le réfléchi σφῶν comme si le sujet était οἱ πρόγονοι. — Σφῶν ἡκόντων est un génitif absolu.

ἐν πατρίδι οἰκοῦντας καὶ ζῶντας, καὶ τρεφομένους οὐχ
ὑπὸ μητρυιᾶς ὡς ἄλλοι, ἀλλ' ὑπὸ μητρὸς[1] τῆς χώρας
ἐν ᾗ ᾤκουν, καὶ νῦν κεῖσθαι[2] τελευτήσαντας ἐν οἰκείοις C
τόποις τῆς τεκούσης καὶ θρεψάσης καὶ ὑποδεξαμένης.
Δικαιότατον δὴ κοσμῆσαι πρῶτον τὴν μητέρα αὐτήν·
οὕτω γὰρ συμβαίνει ἅμα καὶ ἡ τῶνδε εὐγένεια κοσμου-
μένη.

VII. Éloge de la terre attique.

"Εστι δὲ ἀξία ἡ χώρα καὶ ὑπὸ πάντων ἀνθρώπων ἐπαινεῖσθαι, οὐ μόνον ὑφ' ἡμῶν, πολλαχῇ μὲν
καὶ ἄλλη, πρῶτον δὲ καὶ μέγιστον[3] ὅτι τυγχάνει
οὖσα θεοφιλής. Μαρτυρεῖ δὲ ἡμῶν τῷ λόγῳ ἀμφισβη-
τησάντων περὶ αὐτὴν θεῶν ἔρις τε καὶ κρίσις[4]· ἣν δὲ
θεοὶ ἐπήνεσαν, πῶς οὐχ ὑπ' ἀνθρώπων γε ξυμπάντων D
δικαία ἐπαινεῖσθαι; Δεύτερος δὲ ἔπαινος δικαίως ἂν
αὐτῆς εἴη, ὅτι ἐν ἐκείνῳ τῷ χρόνῳ, ἐν ᾧ ἡ πᾶσα γῆ
ἀνεδίδου καὶ ἔφυε ζῷα παντοδαπά, θηρία τε καὶ βοτά,
ἐν τούτῳ ἡ ἡμετέρα θηρίων μὲν ἀγρίων ἄγονος καὶ
καθαρὰ ἐφάνη, ἐξελέξατο δὲ τῶν ζῴων καὶ ἐγέννησεν

1. Employé sans article, μητρός
a une valeur d'attribut : *étant
pour eux une mère* (sujet : τῆς χώρας).

2. Κεῖσθαι est à l'infinitif,
bien que, grammaticalement, il se
rattache à ἀποφηναμένη comme
les participes μετοικοῦντας, ζῶντας, etc... Au fond, la pensée de
l'auteur s'est légèrement modi-
fiée : ἀποφαίνεσθαι renfermait à la
fois l'idée de *montrer* et celle de
produire, l'origine des ancêtres
étant la *preuve* et la *cause* de la
noblesse des descendants. Maintenant, l'idée de *cause* subsiste
seule dans la pensée de l'auteur, et
il emploie logiquement l'infinitif
κεῖσθαι comme s'il avait dit auparavant ποιήσασα τοὺς ἐκγόνους...

3. Μέγιστον est ici adverbe,
et équivaut absolument à μάλιστα.

4. Allusion à la lutte entre
Athéna et Posidon qui se dis-
putèrent la royauté de l'Attique,
suivant la mythologie. La victoire
devait appartenir à celui qui ferait
à ce pays le plus riche présent :
Posidon fit sortir un cheval de
terre, mais Athéna remporta la
victoire en produisant l'olivier.

ἄνθρωπον, ὃ¹ συνέσει τε ὑπερέχει τῶν ἄλλων καὶ δίκην καὶ θεοὺς μόνον νομίζει. Μέγα δὲ τεκμήριον τούτῳ τῷ

E λόγῳ, ὅτι ἥδε ἔτεκεν ἡ γῆ τοὺς τῶνδέ τε καὶ ἡμετέρους προγόνους· πᾶν γὰρ τὸ τεκὸν τροφὴν ἔχει ἐπιτηδείαν ᾧ ἂν τέκῃ²· ᾧ³ καὶ γυνὴ δήλη⁴ τεκοῦσά τε ἀληθῶς καὶ μή, ἀλλ' ὑποβαλομένη, ἐὰν μὴ ἔχῃ⁵ πηγὰς τροφῆς τῷ γεννωμένῳ. Ὁ δὴ καὶ ἡ ἡμετέρα γῆ τε καὶ μήτηρ ἱκανὸν τεκμήριον παρέχεται ὡς ἀνθρώπους γεννησαμένη· μόνη γὰρ ἐν τῷ τότε καὶ πρώτη τροφὴν

238 ἀνθρωπείαν ἤνεγκε τὸν τῶν πυρῶν⁶ καὶ κριθῶν καρπόν,

A ᾧ κάλλιστα καὶ ἄριστα τρέφεται τὸ ἀνθρώπειον γένος, ὡς τῷ ὄντι τοῦτο τὸ ζῷον αὐτὴ γεννησαμένη⁷. Μᾶλλον δὲ ὑπὲρ γῆς ἢ γυναικὸς προσήκει δέχεσθαι τοιαῦτα τεκμήρια· οὐ γὰρ γῆ γυναῖκα μεμίμηται γεννήσει, ἀλλὰ γυνὴ γῆν⁸. Τούτου δὲ τοῦ καρποῦ οὐκ ἐφθόνησεν⁹, ἀλλ' ἔνειμε καὶ τοῖς ἄλλοις· μετὰ δὲ τοῦτο ἐλαίου γένεσιν, πόνων ἀρωγήν¹³, ἀνῆκε τοῖς ἐκγόνοις· θρεψαμένη δὲ καὶ

B αὐξήσασα πρὸς ἥβην, ἄρχοντας καὶ διδασκάλους αὐτῶν

1. Ὃ s'accorde en genre avec ζῷον. Il en est de même, à la ligne suivante, de μόνον, qui est ici adjectif neutre, et non adverbe.

2. Ὧι ἂν τέκῃ, attraction pour τούτῳ ὃν ἂν τέκῃ.

3. Ici, ᾧ est un datif de moyen, dépendant de δήλη.

4. Pour l'explication de cette tournure personnelle, qu'on ne peut traduire littéralement en français, cf. Gr., § 816, II.

5. Ἐὰν μὴ ἔχῃ. Ce complément circonstanciel se rattache seulement au second membre de la proposition principale, au membre μὴ (τεκοῦσα), ἀλλ' ὑποβαλομένη. — C'est du lait, destiné à nourrir l'enfant, qu'il s'agit ici.

6. Πυρῶν, génitif pluriel de πυρός.

7. Ὡς γεννησαμένη se rattache encore ici, comme dans la phrase précédente, à l'expression τεκμήριον παρέχεται, dont l'idée est à suppléer. Traduisez : « Montrant ainsi qu'elle a engendré... »

8. Le raisonnement est plus subtil que profond : Platon veut sans doute se moquer des oppositions ou rapprochements artificiels que font souvent les rhéteurs.

9. Ce n'est plus de la terre en général, mais de la terre attique qu'il est de nouveau question, et c'est en ce sens restreint que γῆ doit être pris comme sujet d'ἐφθόνησεν.

10. De même, dans (Œd. à Col., 698 et suiv., Sophocle appelle l'olivier φύτευμα... αὐτόποιον, ἐγχέων φόβημα δαΐων, etc.

θεοὺς ἐπηγάγετο· ὧν τὰ μὲν ὀνόματα[1] πρέπει ἐν τῷ
τοιῷδε ἐᾶν· ἴσμεν γάρ· οἳ τὸν βίον ἡμῶν κατεσκεύασαν
πρός τε τὴν καθ' ἡμέραν δίαιταν, τέχνας πρώτους[2]
παιδευσάμενοι, καὶ πρὸς τὴν ὑπὲρ τῆς χώρας φυλακὴν
ὅπλων κτῆσίν τε καὶ χρῆσιν διδαξάμενοι.

VIII. Éloge de la constitution athénienne.

Γεννηθέντες δὲ καὶ παιδευθέντες οὕτως οἱ τῶνδε
πρόγονοι ᾤκουν[3] πολιτείαν κατασκευασάμενοι, ἧς
ὀρθῶς ἔχει[4] διὰ βραχέων ἐπιμνησθῆναι. Πολιτεία γὰρ C
τροφὴ ἀνθρώπων ἐστί, καλὴ μὲν ἀγαθῶν[5], ἡ δὲ ἐναν-
τία κακῶν. Ὡς οὖν ἐν καλῇ πολιτείᾳ ἐτράφησαν οἱ
πρόσθεν ἡμῶν, ἀναγκαῖον δηλῶσαι, δι' ἣν δὴ κἀκεῖνοι
ἀγαθοὶ καὶ οἱ νῦν εἰσιν, ὧν οἵδε τυγχάνουσιν ὄντες οἱ
τετελευτηκότες. Ἡ γὰρ αὐτὴ πολιτεία καὶ τότε ἦν καὶ
νῦν, ἀριστοκρατία, ἐν ᾗ νῦν τε πολιτευόμεθα καὶ τὸν
ἀεὶ χρόνον ἐξ ἐκείνου ὡς τὰ πολλά[6]. Καλεῖ δὲ ὁ μὲν
αὐτὴν δημοκρατίαν, ὁ δὲ ἄλλο, ᾧ ἂν χαίρῃ[7]· ἔστι D
δὲ τῇ ἀληθείᾳ μετ' εὐδοξίας πλήθους ἀριστοκρατία[8].

1. Après τὰ μὲν ὀνόματα, on
attendrait quelque chose comme
τὰ δὲ ἔργα. Mais l'auteur a changé
de construction et c'est la proposition οἳ τὸν βίον... qui exprimera
cette nouvelle idée.

2. Suppléez ἡμᾶς : *nous les premiers.* On sait que παιδεύειν se
construit avec un double accusatif. — Ce verbe, et, un peu plus
bas, διδαξάμενοι sont au moyen
pour la raison indiquée dans la
note 6 de la page 32.

3. Employé sans complément,
οἰκεῖν signifie *se gouverner, s'ad-
ministrer.*

4. Ὀρθῶς ἔχει est la même
chose que ὀρθόν ἐστιν.

5. Entendez : καλὴ πολιτεία
τροφή ἐστιν ἀγαθῶν, et suppléez
les mêmes mots dans la proposition suivante.

6. « Pour l'ordinaire. » Il y
eut en effet des interruptions,
comme celle du gouvernement
des trente tyrans.

7. Le datif ᾧ est neutre et
dépend de χαίρῃ : « Quelle que
soit la chose (ou quel que soit le
nom) qu'il aime. »

8. C'est donc une aristocratie
tempérée; et les mots εὐδοξία
πλήθους indiquent ce qui la tem-
père. Cette définition va d'ailleurs être expliquée dans les
phrases suivantes.

Βασιλεῖς μὲν γὰρ ἀεὶ ἡμῖν εἰσιν· οὗτοι δὲ τοτὲ μὲν ἐκ γένους, τοτὲ δὲ αἱρετοί· ἐγκρατὲς δὲ τῆς πόλεως τὰ πολλὰ τὸ πλῆθος, τὰς δὲ ἀρχὰς δίδωσι καὶ κράτος τοῖς ἀεὶ[1] δόξασιν ἀρίστοις εἶναι, καὶ οὔτε ἀσθενείᾳ οὔτε πενίᾳ οὔτ᾽ ἀγνωσίᾳ πατέρων ἀπελήλαται οὐδεὶς οὐδὲ τοῖς ἐναντίοις τετίμηται, ὥσπερ ἐν ἄλλαις πόλεσιν, ἀλλὰ εἷς ὅρος, ὁ δόξας σοφὸς ἢ ἀγαθὸς εἶναι κρατεῖ καὶ ἄρχει[2]. Αἰτία δὲ ἡμῖν τῆς πολιτείας ταύτης ἡ ἐξ

E ἴσου γένεσις. Αἱ μὲν γὰρ ἄλλαι πόλεις ἐκ παντοδαπῶν κατεσκευασμέναι ἀνθρώπων εἰσὶ καὶ ἀνωμάλων, ὥστε αὐτῶν ἀνώμαλοι[3] καὶ αἱ πολιτεῖαι, τυραννίδες τε καὶ ὀλιγαρχίαι· οἰκοῦσιν οὖν ἔνιοι μὲν δούλους, οἱ δὲ δεσπότας ἀλλήλους νομίζοντες· ἡμεῖς δὲ καὶ οἱ ἡμέτεροι, μιᾶς μητρὸς πάντες ἀδελφοὶ φύντες, οὐκ ἀξιοῦμεν δοῦ-

239 λοι οὐδὲ δεσπόται ἀλλήλων εἶναι, ἀλλ᾽ ἡ ἰσογονία
A ἡμᾶς ἡ κατὰ φύσιν ἰσονομίαν ἀναγκάζει ζητεῖν κατὰ νόμον[4], καὶ μηδενὶ ἄλλῳ[5] ὑπείκειν ἀλλήλοις ἢ ἀρετῆς δόξῃ καὶ φρονήσεως.

IX. Exploits des Athéniens avant les guerres médiques.

Ὅθεν δὴ ἐν πάσῃ ἐλευθερίᾳ τεθραμμένοι οἱ τῶνδε πατέρες καὶ οἱ ἡμέτεροι καὶ αὐτοὶ οὗτοι, καὶ καλῶς φύντες, πολλὰ δὴ καὶ καλὰ ἔργα ἀπεφήναντο εἰς πάν-
B τας ἀνθρώπους[6] καὶ ἰδίᾳ καὶ δημοσίᾳ, οἰόμενοι δεῖν

1. Pour ce sens de ἀεί, cf. *Gr.*, § 869.

2. Ὁ δόξας... Cette proposition tout entière est jointe à εἷς ὅρος comme une sorte d'apposition explicative; d'où l'absence de liaison. Traduisez : « Il y a une seule règle, (c'est que)... »

3. L'auteur joue quelque peu sur le sens du mot ἀνώμαλος, par

lequel il exprime d'abord une idée de *disparité*, puis une idée d'*inégalité*.

4. Voilà encore une explication subtile, fondée sur une symétrie de mots assez artificielle : ἰσογονία... κατὰ φύσιν, ἰσονομία... κατὰ νόμον.

5. Μηδενὶ ἄλλῳ, datif de cause, est au neutre.

6. Εἰς avec l'accusatif signifie

ὑπὲρ τῆς ἐλευθερίας καὶ Ἕλλησιν ὑπὲρ Ἑλλήνων μάχε-
σθαι καὶ βαρβάροις ὑπὲρ ἁπάντων τῶν Ἑλλήνων. Εὐ-
μόλπου [1] μὲν οὖν καὶ Ἀμαζόνων ἐπιστρατευσάντων ἐπὶ
τὴν χώραν καὶ τῶν ἔτι προτέρων ὡς ἡμύναντο [2], καὶ ὡς
ἤμυναν Ἀργείοις πρὸς Καδμείους καὶ Ἡρακλείδαις πρὸς
Ἀργείους, ὅ τε χρόνος βραχὺς ἀξίως διηγήσασθαι [3],
ποιηταί τε αὐτῶν ἤδη ἱκανῶς τὴν ἀρετὴν ἐν μουσικῇ
ὑμνήσαντες εἰς πάντας [4] μεμηνύκασιν· ἐὰν οὖν ἡμεῖς ἐπι-   C
χειρῶμεν τὰ αὐτὰ λόγῳ ψιλῷ κοσμεῖν, τάχ᾽ ἂν δεύτεροι
φαινοίμεθα. Ταῦτα μὲν οὖν διὰ ταῦτα [5] δοκεῖ μοι ἐᾶν,
ἐπειδὴ καὶ ἔχει τὴν ἀξίαν· ὧν δὲ οὔτε ποιητής πω δόξαν
ἀξίαν ἐπ᾽ ἀξίοις λαβὼν ἔχει ἔτι τ᾽ ἐστὶν ἐν μνηστείᾳ [6],

---

ici *aux yeux de, à la connaissance de...* Cf. *Timée*. 25 b : εἰς ἅπαντας τοὺς ἀνθρώπους διαφανὴς ἀρετῇ ἐγένετο.

1. Socrate nous sert ici, sans trop y insister, heureusement, le cliché favori des auteurs d'oraisons funèbres et de panégyriques ; les faits qu'il rappelle sont légendaires, mais, comme dit Isocrate (*Panégyrique*, § 28), ce n'est pas une raison pour n'en pas parler. — Eumolpe, fils de Posidon, était venu avec un grand nombre de Thraces soutenir les Éleusiniens contre le roi d'Athènes Érechthée (cf. ISOCRATE, *Panég.*, § 68). — Les Amazones, filles d'Arès, avaient envahi l'Attique : Thésée les repoussa, et en fit un tel carnage qu'aucune d'elles ne retourna en son pays (*Panég.*, § 70). — Les Argiens, conduits par Polynice, étaient venus se faire battre sous les murs de Thèbes; et les Thébains ne leur permettaient pas d'ensevelir les morts. Les Athéniens s'opposèrent à cette prétention injuste des vainqueurs. — Enfin les fils d'Héraclès

avaient demandé aux Athéniens de les secourir contre leur persécuteur Eurysthée, et celui-ci avait obtenu l'alliance des Argiens : les Athéniens firent Eurysthée prisonnier et repoussèrent ses alliés qui avaient envahi l'Attique. Ces derniers événements sont longuement racontés dans le *Panégyrique*, §§ 56-60.
2. La conjonction ὡς sert à rattacher le verbe ἡμύναντο, comme ensuite le verbe ἤμυναν, aux verbes διηγήσασθαι et μεμηνύκασιν. — Remarquez la différence entre ἀμύνεσθαι, *se défendre contre quelqu'un, repousser quelqu'un de chez soi*, et ἀμύνειν, *porter secours à quelqu'un.*
3. Διηγήσασθαι, infinitif de détermination, qu'il faut traduire en français à l'aide de la préposition *pour*.
4. Cf. plus haut, p. 36, note 6.
5. Διὰ ταῦτα est précisé par la proposition explicative qui suit : ἐπειδὴ καὶ, κτλ.
6. Ce membre de phrase est assez embarrassant à traduire. Remarquez d'abord qu'il est formé de deux propositions relatives,

τούτων πέρι¹ μοι δοκεῖ χρῆναι ἐπιμνησθῆναι ἐπαι-
νοῦντά τε καὶ προμνώμενον² ἄλλοις ἐς ᾠδάς τε καὶ
τὴν ἄλλην ποίησιν αὐτὰ θεῖναι πρεπόντως τῶν πραξάντων.

Ἔστι δὲ τούτων ὧν λέγω πρῶτα· Πέρσας ἡγουμέ-
νους τῆς Ἀσίας καὶ δουλουμένους τὴν Εὐρώπην ἔσχον³
D οἱ τῆσδε τῆς χώρας ἔκγονοι, γονεῖς δὲ ἡμέτεροι, ὧν⁴
καὶ δίκαιον καὶ χρὴ πρῶτον μεμνημένους ἐπαινέσαι
αὐτῶν τὴν ἀρετήν. Δεῖ δὴ αὐτὴν ἰδεῖν, εἰ μέλλει τις
καλῶς ἐπαινεῖν, ἐν ἐκείνῳ τῷ χρόνῳ γενόμενον⁵ λόγῳ,
ὅτε πᾶσα μὲν ἡ Ἀσία ἐδούλευε τρίτῳ⁶ ἤδη βασιλεῖ, ὧν
ὁ μὲν πρῶτος Κῦρος, ἐλευθερώσας Πέρσας τοὺς αὐτοῦ
E πολίτας τῷ αὐτοῦ φρονήματι, ἅμα καὶ τοὺς δεσπότας
Μήδους ἐδουλώσατο καὶ τῆς ἄλλης Ἀσίας μέχρι Αἰγύπτου ἦρξεν, ὁ δὲ υἱὸς αὐτοῦ Αἰγύπτου τε καὶ Λιβύης
ὅσον οἷόν τε ἦν ἐπιβαίνειν, τρίτος δὲ Δαρεῖος πεζῇ μὲν

coordonnées par οὔτε.,. τε. Ὧν, dans la première, dépend de ἀξίαν, et le nominatif ἅ doit être suppléé comme sujet de la seconde. — Ἐπ᾽ ἀξίοις, expression amenée par l'adjectif ἀξίαν, signifie : (en parlant) sur ce digne sujet. — Λαβὼν ἔχει équivaut à εἴληχε. — Enfin, μνηστεία, qui signifie proprement recherche en vue du mariage, est employé ici, par figure, pour exprimer l'état d'un sujet que les poètes n'ont pas encore traité, et que l'on peut, par conséquent, chercher à s'approprier en toute liberté. Quelques manuscrits inférieurs portent ἀμνηστία, oubli, mais μνηστεία est la bonne leçon, celle qu'ont adoptée Bekker, Stallbaum. Schanz; elle correspond d'ailleurs au mot προμνώμενον, que l'on va lire un peu plus bas.

1. Remarquez l'accentuation de πέρι : elle indique que la préposition est placée après son régime.

2. Προμνώμενον, littéralement, faisant les premières ouvertures pour un mariage; ici, tout simplement, cherchant à préparer, frayant le chemin..., mais avec la continuation de la métaphore contenue dans μνηστεία.

3. Ἔσχον = κατέσχον.

4. Ὧν est ici au neutre et dépend de μεμνημένους. Il ne forme pas de pléonasme avec αὐτῶν, qui est au masculin. — A côté de δίκαιον, suppléez ἐστί.

5. Γενόμενον λόγῳ, étant devenu, s'étant établi par la pensée se rapporte au sujet sous-entendu de ἰδεῖν.

6. Τρίτῳ, le troisième des trois monarques qui ont commandé à toute l'Asie, et qui vont être nommés dans les lignes suivantes.

μέχρι Σκυθῶν τὴν ἀρχὴν ὡρίσατο, ναυσὶ δὲ τῆς τε
θαλάττης ἐκράτει καὶ τῶν νήσων, ὥστε μηδὲ ἀξιοῦν [1] 24)
ἀντίπαλον αὐτῷ μηδένα εἶναι· αἱ δὲ γνῶμαι δεδου- A
λωμέναι [2] ἁπάντων ἀνθρώπων ἦσαν· οὕτω πολλὰ καὶ
μεγάλα καὶ μάχιμα γένη καταδεδουλωμένη ἦν ἡ Περσῶν ἀρχή.

X. Guerres médiques : bataille de Marathon.

Αἰτιασάμενος δὲ Δαρεῖος ἡμᾶς τε καὶ Ἐρετριέας,
Σάρδεσιν ἐπιβουλεῦσαι [3] προφασιζόμενος, πέμψας μυριά-
δας μὲν πεντήκοντα [4] ἔν τε πλοίοις καὶ ναυσί, ναῦς δὲ
τριακοσίας, Δᾶτιν δὲ ἄρχοντα, εἶπεν [5] ἥκειν ἄγοντα [6]
Ἐρετριέας καὶ Ἀθηναίους, εἰ βούλοιτο τὴν ἑαυτοῦ κε- B
φαλὴν ἔχειν [7]· ὁ δὲ πλεύσας εἰς Ἐρέτριαν ἐπ' ἄνδρας,
οἳ τῶν τότε Ἑλλήνων ἐν τοῖς εὐδοκιμώτατοι [8] ἦσαν
τὰ πρὸς τὸν πόλεμον καὶ οὐκ ὀλίγοι, τούτους ἐχει-
ρώσατο μὲν ἐν τρισὶν ἡμέραις, διηρευνήσατο δὲ αὐτῶν
πᾶσαν τὴν χώραν, ἵνα μηδεὶς ἀποφύγοι, τοιούτῳ τρόπῳ·
ἐπὶ τὰ ὅρια ἐλθόντες [9] τῆς Ἐρετρικῆς οἱ στρατιῶται

1. Ἀξιοῦν, *prétendre*, a pour sujet μηδένα.

2. Δεδουλωμέναι a ici un sens passif ; un peu plus bas, καταδεδουλωμένη est employé au moyen, et a par conséquent un sens actif.

3. C'est ἡμᾶς τε καὶ Ἐρετριέας qui doit être suppléé comme sujet de cet infinitif. Les Athéniens, en effet, et les habitants d'Érétrie (ville d'Eubée) avaient aidé les Ioniens, révoltés contre Darius, à brûler la ville de Sardes et à la soustraire à la domination du grand roi.

4. Exagération oratoire : Cornelius Nepos (*Miltiade*, 4) évalue à 200 000 fantassins et 10 000 cavaliers les forces persanes.

5. Εἶπεν n'a pas seulement ici le sens déclaratif ; il équivaut au latin *jussit*.

6. Ἄγειν est le mot usuel pour exprimer l'idée d'*emmener prisonniers*.

7. Ἔχειν a ici le même sens que σῴζειν. — Εἰ βούλοιτο est une construction du discours indirect, correspondant à la deuxième personne du subjonctif ἐὰν βούλῃ, qui aurait été employée dans le style direct. (*Gr.*, § 261, II.)

8. Ἐν τοῖς εὐδοκιμώτατοι. Pour l'explication de cette tournure, cf. *Gr.*, § 880.

9. Cette proposition nouvelle est l'explication de τοιούτῳ τρόπῳ : elle est jointe à ces mots sans particule de liaison. Cf. p. 36, nº 2.

αὐτοῦ, ἐκ θαλάττης εἰς θάλατταν ' διαστάντες, συνά-

C ψαντες τὰς χεῖρας διῆλθον ἅπασαν τὴν χώραν, ἵν' ἔχοιεν τῷ βασιλεῖ εἰπεῖν, ὅτι οὐδεὶς σφᾶς ἀποπεφευγὼς εἴη. Τῇ δ' αὐτῇ διανοίᾳ κατηγάγοντο ἐξ Ἐρετρίας εἰς Μαραθῶνα, ὡς ἕτοιμον σφίσιν ὂν ² καὶ Ἀθηναίους ἐν τῇ αὐτῇ ταύτῃ ἀνάγκῃ ζεύξαντας Ἐρετριεῦσιν ἄγειν. Τούτων δὲ τῶν μὲν πραχθέντων, τῶν δ' ἐπιχειρουμένων οὔτ' Ἐρετριεῦσιν ἐϐοήθησεν Ἑλλήνων οὐδεὶς οὔτε Ἀθηναίοις πλὴν Λακεδαιμονίων· οὗτοι δὲ τῇ ὑστεραίᾳ τῆς μάχης ἀφίκοντο³· οἱ δ' ἄλλοι πάντες ἐκπεπληγμένοι, ἀγαπῶντες τὴν ἐν τῷ παρόντι σωτηρίαν, ἡσυχίαν

D ἦγον ⁴. Ἐν τούτῳ ⁵ δὴ ἄν τις γενόμενος γνοίη, οἷοι ἄρα ἐτύγχανον ὄντες τὴν ἀρετὴν ⁶ οἱ Μαραθῶνι δεξάμενοι τὴν τῶν βαρϐάρων δύναμιν καὶ κολασάμενοι τὴν ὑπερηφανίαν ὅλης τῆς Ἀσίας καὶ πρῶτοι στήσαντες τρόπαια τῶν βαρϐάρων, ἡγεμόνες καὶ διδάσκαλοι τοῖς ἄλλοις γενόμενοι, ὅτι ⁷ οὐκ ἄμαχος εἴη ἡ Περσῶν δύναμις· ἀλλὰ πᾶν πλῆθος καὶ πᾶς πλοῦτος ἀρετῇ ὑπείκει.

E Ἐγὼ μὲν οὖν ἐκείνους τοὺς ἄνδρας φημὶ οὐ μόνον τῶν σωμάτων τῶν ἡμετέρων πατέρας εἶναι, ἀλλὰ καὶ τῆς ἐλευθερίας τῆς τε ἡμετέρας καὶ ξυμπάντων τῶν ἐν τῇδε τῇ ἠπείρῳ· εἰς ἐκεῖνο γὰρ τὸ ἔργον ⁸ ἀποϐλέψαντες καὶ τὰς ὑστέρας μάχας ἐτόλμησαν διακινδυνεύειν οἱ Ἑλ-

---

1. **Ἐκ θαλάττης εἰς θάλατταν**, c'est-à-dire de l'Euripe à la mer Égée.

2. Voyez, pour l'explication de cet accusatif précédé de ὡς; Gr., § 310 et 311.

3. Par une superstition inexplicable, les Lacédémoniens n'avaient pas osé se mettre en route avant la pleine lune.

4. **Ἡσυχίαν ἦγον.** Comparez les expressions latines *otium*, *pacem agere*.

5. **Ἐν τούτῳ** doit se ratta-

cher à γενόμενος, qui a ici le même sens que plus haut (cf. p. 38, n. 5).

6. **Τὴν ἀρετὴν** est accusatif de relation, se rattachant à οἷοι. Cf. Gr., § 162.

7. Une proposition complétive est rattachée par cette conjonction ὅτι au substantif διδάσκαλοι, comme elle pourrait l'être au verbe διδάσκειν.

8. **Ἐκεῖνο τὸ ἔργον** désigne la bataille même de Marathon.

λνες ὑπὲρ τῆς σωτηρίας, μαθηταὶ τῶν Μαραθῶνι γενόμενοι.

XI. Bataille de Salamine.

Τὰ μὲν οὖν ἀριστεῖα τῷ λόγῳ ἐκείνοις ἀναθετέον,
τὰ δὲ δευτερεῖα τοῖς περὶ Σαλαμῖνα καὶ ἐπ᾽ Ἀρτεμισίῳ 241
ναυμαχήσασι καὶ νικήσασι. Καὶ γὰρ τούτων τῶν ἀν- A
δρῶν πολλὰ μὲν ἄν τις ἔχοι διελθεῖν, καὶ οἷα ἐπιόντα
ὑπέμειναν κατά τε γῆν καὶ κατὰ θάλατταν, καὶ ὡς
ἠμύναντο ταῦτα· ὃ δέ μοι δοκεῖ καὶ ἐκείνων κάλλιστον
εἶναι, τούτου μνησθήσομαι, ὅτι τὸ ἑξῆς ἔργον τοῖς [1]
Μαραθῶνι διεπράξαντο. Οἱ μὲν γὰρ Μαραθῶνι τοσοῦτον
μόνον ἐπεδείξαντο τοῖς Ἕλλησιν, ὅτι κατὰ γῆν οἷόν τε
ἀμύνεσθαι τοὺς βαρβάρους ὀλίγοις πολλούς[2], ναυσὶ δὲ ἔτι B
ἦν ἄδηλον καὶ δόξαν εἶχον Πέρσαι ἄμαχοι εἶναι[3] κατὰ
θάλατταν καὶ πλήθει καὶ πλούτῳ καὶ τέχνῃ καὶ ῥώμῃ·
τοῦτο δὴ ἄξιον ἐπαινεῖν τῶν ἀνδρῶν τῶν τότε ναυμα-
χησάντων, ὅτι τὸν ἐχόμενον φόβον[4] διέλυσαν τῶν Ἑλλήνων καὶ ἔπαυσαν φοβουμένους[5] πλῆθος νεῶν τε καὶ

1. Ce datif τοῖς dépend de l'adverbe ἑξῆς qui, construit comme
il l'est, équivaut à un véritable
adjectif. Τὸ ἑξῆς ἔργον, l'action
qui vient immédiatement après. —
Remarquez que τοῖς Μαραθῶνι
équivaut ici à τῷ τῶν Μαραθῶνι
(ἔργῳ) : cette sorte de concision
est habituelle en grec.
2. Pour un rapprochement semblable de mots opposés, cf. p. 24,
n. 3.
3. L'infinitif εἶναι est construit
après δόξαν εἶχον comme il le serait après ἐδόκουν, qui aurait un
sens analogue, mais moins fort.
4. Τὸν ἐχόμενον φόβον in-
dique, d'après Stallbaum, metum
qui cum superioribus terroribus
proxime erat conjunctus, c'est-à-

dire la crainte d'être défaits sur
mer, que les Athéniens éprouvè-
rent aussitôt après qu'ils furent
délivrés de la crainte d'être écra-
sés sur terre. D'après cette explication, ἐχόμενον serait à peu
près l'équivalent de ἑξῆς, expliqué plus haut (note 1), et le génitif τῶν Ἑλλήνων dépendrait de
φόβου.
5. Remarquez le participe
φοβουμένους, attribut se rappor-
tant au complément (αὐτούς sous-
entendu) de ἔπαυσαν. Après le
moyen παύομαι, c'est au nominatif que se met le participe,
parce qu'il se rapporte alors au
sujet (Gr., §317); des deux côtés,
c'est l'application de la même
règle générale d'accord.

ἀνδρῶν. Ὑπ' ἀμφοτέρων δὴ ξυμβαίνει, τῶν τε Μαρα-
C θῶνι μαχεσαμένων καὶ τῶν ἐν Σαλαμῖνι ναυμαχησάν-
των, παιδευθῆναι τοὺς ἄλλους Ἕλληνας, ὑπὸ μὲν τῶν [1]
κατὰ γῆν, ὑπὸ δὲ τῶν κατὰ θάλατταν μαθόντας καὶ
ἐθισθέντας μὴ φοβεῖσθαι τοὺς βαρβάρους.

XII. Bataille de Platées, et fin des guerres médiques.

Τρίτον δὲ [2] λέγω τὸ ἐν Πλαταιαῖς ἔργον καὶ ἀριθμῷ
καὶ ἀρετῇ γενέσθαι τῆς Ἑλληνικῆς σωτηρίας, κοινὸν
ἤδη τοῦτο Λακεδαιμονίοις τε καὶ Ἀθηναίων. Τὸ μὲν
οὖν μέγιστον καὶ χαλεπώτατον οὗτοι πάντες ἤνυσαν [3],
καὶ διὰ ταύτην τὴν ἀρετὴν νῦν τε ὑφ' ἡμῶν ἐγκω-
μιάζονται καὶ εἰς τὸν ἔπειτα χρόνον ὑπὸ τῶν ὕστε-
D ρον [4]. Μετὰ δὲ τοῦτο πολλαὶ μὲν πόλεις τῶν Ἑλλήνων
ἔτι ἦσαν μετὰ τοῦ βαρβάρου, αὐτὸς δὲ ἠγγέλλετο βασιλεὺς διανοεῖσθαι ὡς ἐπιχειρήσων [5] πάλιν ἐπὶ τοὺς
Ἕλληνας. Δίκαιον δὴ καὶ τούτων ἡμᾶς ἐπιμνησθῆναι,
οἳ τοῖς τῶν προτέρων ἔργοις τέλος τῆς σωτηρίας ἐπέθε-
σαν ἀνακαθηράμενοι [6] καὶ ἐξελάσαντες πᾶν τὸ βάρβαρον

1. Pour cette place donnée à μέν, et ensuite à δέ, entre la préposition et l'article, cf. *Gr.*, § 338.

2. Construisez : Λέγω τὸ ἐν Πλαταιαῖς ἔργον γενέσθαι τρίτον (ἔργον) τῆς Ἑλληνικῆς σωτηρίας ἀριθμῷ καὶ ἀρετῇ. — Ἀριθμῷ, *par rang numérique*, et ici par conséquent *par ordre de date*. La bataille de Marathon avait eu lieu en 490, celle de Salamine en 480 avant Jésus-Christ ; la victoire de Platées fut remportée par les Grecs en 479.

3. Ἤνυσαν, *accomplirent*, est une correction de Gottleber, adoptée par Schanz. Les mss. donnent ἤμυναν (sauf le *Venetus* 189 qui porte ἠμύναντο). Il fau-

drait alors traduire par *écartèrent*, et appliquer τὸ μέγιστον à l'idée d'un danger : c'est beaucoup moins satisfaisant.

4. Suppléez bien entendu, dans ce second membre, le *futur* ἐγκωμιασθήσονται.

5. Ὡς ἐπιχειρήσων. Cf *Gr.*, 311, II. — Ἐπιχειρεῖν, *faire une entreprise contre, attaquer*, est ici construit avec ἐπί ; on trouve dans Thucydide, VII, 2 : ἐπιχειρήσειν πρὸς τοὺς Ἀθηναίους ; partout ailleurs, ἐπιχειρεῖν se construit avec le datif sans préposition.

6. Ἀνακαθηράμενοι est le participe aoriste moyen de ἀνακαθαίρω, *purger*.

ἐκ τῆς θαλάττης. Ἦσαν δὲ οὗτοι οἵ τε ἐπ᾽ Εὐρυμέδοντι[1] ναυμαχήσαντες καὶ οἱ εἰς Κύπρον[2] στρατεύσαν- E
τες καὶ οἱ εἰς Αἴγυπτον[3] πλεύσαντες καὶ ἄλλοσε πολ-
λαχόσε, ὧν χρὴ μεμνῆσθαι καὶ χάριν αὐτοῖς εἰδέναι,
ὅτι βασιλέα ἐποίησαν δείσαντα τῇ ἑαυτοῦ σωτηρίᾳ τὸν
νοῦν προσέχειν, ἀλλὰ μὴ τῇ τῶν Ἑλλήνων ἐπιβουλεύειν[1] φθορᾷ.

XIII. Première partie de la guerre du Péloponnèse : la prise de Sphactérie.

Καὶ οὗτος μὲν δὴ πᾶς[5] τῇ πόλει διηντλήθη ὁ πό- 242
λεμος ὑπὲρ ἑαυτῶν τε[6] καὶ τῶν ἄλλων ὁμοφώνων πρὸς A
τοὺς βαρβάρους· εἰρήνης δὲ γενομένης καὶ τῆς πόλεως τιμωμένης, ἦλθεν ἐπ᾽ αὐτὴν ὃ δὴ φιλεῖ[7] ἐκ τῶν
ἀνθρώπων τοῖς εὖ πράττουσι προσπίπτειν, πρῶτον μὲν

1. **Εὐρυμέδοντι**, fleuve de Pamphilie, à l'embouchure duquel Cimon défit l'armée des Perses en 466.

2. Le même Cimon conduisit deux fois les Athéniens dans l'île de Chypre : il y remporta une victoire navale sur les Perses en 466, et y fit subir plus tard aux troupes d'Artaxercès plusieurs échecs qui amenèrent la paix de 449, connue sous le nom de *paix de Cimon*.

3. Les Égyptiens s'étant révoltés contre Artaxercès, avaient demandé du secours aux Athéniens : deux cents vaisseaux furent envoyés de Chypre et remontèrent le Nil jusqu'à Memphis, dont ils s'emparèrent. Mais bientôt, les Perses reprirent l'avantage, et la plupart des Athéniens qui avaient pris part à cette expédition périrent les armes à la main.

4. Ne confondez pas les deux sens d'ἐπιβουλεύειν, *comploter contre*, et *comploter en vue de* : dans les deux cas, ce verbe se construit avec le datif; c'est évidemment le second sens qui s'impose ici.

5. **Πᾶς** est une correction très heureuse de Stallbaum, adoptée par Schanz. La leçon des mss., πάσῃ, due sans doute au voisinage de τῇ πόλει, est difficile à bien expliquer.

6. **Exemple de syllepse** : le pluriel ἑαυτῶν se rapporte à l'idée de πολῖται, contenue dans πόλει. Pour expliquer d'ailleurs l'emploi de ce pronom réfléchi, il faut remarquer que πολῖται est le sujet logique, la proposition qui précède revenant à ceci : πάντα τὸν πόλεμον οἱ πολῖται διήντλησαν (de διαντλῶ).

7. **Φιλεῖ**, *solet*.

ζῆλος, ἀπὸ ζήλου δὲ φθόνος· ὃ καὶ τήνδε τὴν πόλιν
ἄκουσαν [1] ἐν πολέμῳ τοῖς Ἕλλησι κατέστησε. Μετὰ
δὲ τοῦτο γενομένου πολέμου, συνέβαλον μὲν ἐν Τανά-
B γρᾳ [2] ὑπὲρ τῆς Βοιωτῶν ἐλευθερίας Λακεδαιμονίοις
μαχόμενοι, ἀμφισβητησίμου δὲ τῆς μάχης γενομένης,
διέκρινε τὸ ὕστερον ἔργον· οἱ μὲν γὰρ ᾤχοντο ἀπιόντες,
καταλιπόντες [3] οἷς ἐβοήθουν, οἱ δ' ἡμέτεροι τρίτῃ
ἡμέρᾳ [4] ἐν Οἰνοφύτοις νικήσαντες τοὺς ἀδίκως φεύγοντας [5] δικαίως κατήγαγον [6]. Οὗτοι δὴ πρῶτοι μετὰ τὸν
Περσικὸν πόλεμον, Ἕλλησιν ἤδη ὑπὲρ τῆς ἐλευθερίας
βοηθοῦντες πρὸς Ἕλληνας, ἄνδρες ἀγαθοὶ γενόμενοι καὶ
C ἐλευθερώσαντες οἷς ἐβοήθουν, ἐν τῷδε τῷ μνήματι τιμη-
θέντες ὑπὸ τῆς πόλεως πρῶτοι ἐτέθησαν.

Μετὰ δὲ ταῦτα πολλοῦ πολέμου γενομένου [7] καὶ
πάντων τῶν Ἑλλήνων ἐπιστρατευσάντων καὶ τεμόντων
τὴν χώραν καὶ ἀναξίαν [8] χάριν ἐκτινόντων τῇ πόλει,

1. Ἄκουσαν, accusatif fé-
minin de ἄκων.

2. Ἐν Τανάγρᾳ. Les Spar-
tiates, voulant arrêter les progrès d'Athènes en élevant auprès d'elle une cité rivale, aidaient
les Thébains à reprendre leur
ancienne supériorité sur la Béo-
tie. Une armée athénienne se
hâta d'aller secourir les Béotiens, et la rencontre eut lieu à
Tanagra. Quoi que dise ici l'orateur, les Athéniens furent vain-
cus (cf. *Thucydide*, I, 108). Cette
bataille eut lieu en 456. La bataille d'*Œnophytes*, dont il va
être question, fut livrée deux
mois après.

3. Les manuscrits ajoutent ici
le mot Βοιωτούς, qui ne peut
être qu'une glose erronée, introduite à tort dans le texte. Les
Lacédémoniens ont pu, en effet,
abandonner les Thébains dont ils
étaient alliés, non les Béotiens

qu'ils combattaient.

4. Τρίτῃ ἡμέρᾳ, le troisième
jour après la reprise des hostilités.

5. Τοὺς ἀδίκως φεύγοντας
désigne ceux que le parti lacédémonien avait exilés. Les guerres entre cités grecques étaient
toujours accompagnées de luttes
politiques, les Lacédémoniens
soutenant dans chaque cité le
parti aristocratique, et les dé-
mocrates, au contraire, s'ap-
puyant sur les Athéniens.

6. Καταγαγεῖν est le terme
propre pour exprimer l'idée de
faire rentrer un exilé dans sa
patrie, et de le *rétablir* dans ses
droits.

7. Il s'agit maintenant de la
guerre du Péloponnèse, 431-404
avant Jésus-Christ.

8. Ἀναξίαν, *indigne* des ser-
vices qu'Athènes avait rendus à
la Grèce, surtout pendant les
guerres médiques.

νικήσαντες αὐτοὺς ναυμαχίᾳ οἱ ἡμέτεροι καὶ λαβόντες
αὐτῶν τοὺς ἡγεμόνας Λακεδαιμονίους ἐν τῇ Σφαγίᾳ¹,
ἐξόν² αὐτοῖς διαφθεῖραι ἐφείσαντο καὶ ἀπέδοσαν καὶ
εἰρήνην ἐποιήσαντο, ἡγούμενοι πρὸς μὲν τὸ ὁμόφυλον
μέχρι νίκης δεῖν πολεμεῖν, καὶ μὴ δι' ὀργὴν ἰδίαν πόλεως D
τὸ κοινὸν τῶν Ἑλλήνων διολλύναι, πρὸς δὲ³ τοὺς βαρβάρους μέχρι διαφθορᾶς. Τούτους δὴ ἄξιον ἐπαινέσαι
τοὺς ἄνδρας, οἳ τοῦτον τὸν πόλεμον πολεμήσαντες ἐνθάδε
κεῖνται, ὅτι ἐπέδειξαν, εἴ τις ἄρα ἠμφεσβήτει ¹ ὡς ἐν
τῷ προτέρῳ πολέμῳ τῷ πρὸς τοὺς βαρβάρους ἄλλοι
τινὲς εἶεν ⁵ ἀμείνους Ἀθηναίων, ὅτι⁶ οὐκ ἀληθῆ ἀμφισ-
βητοῖεν· οὗτοι γὰρ ἐνταῦθα ἔδειξαν, στασιασάσης τῆς E
Ἑλλάδος περιγενόμενοι ⁷ τῷ πολέμῳ, τοὺς προεστῶτας
τῶν ἄλλων Ἑλλήνων χειρωσάμενοι, μεθ' ὧν τότε τοὺς
τῷ βάρους ἐνίκων κοινῇ, τούτους νικῶντες ἰδίᾳ.

---

1. La prise de Sphagie, ou Sphactérie (petite île située en face de Pylos, près du rivage de l'antique Messénie), eut lieu en 425. Thucydide la raconte tout au long dans son IVᵉ livre.

2. Ἐξόν. Voyez Gr., § 307.

3. Dans les phrases ainsi construites, le premier membre, celui qui renferme μέν, est ordinairement le moins important. C'est le contraire ici : le second membre ne sert qu'à faire ressortir, par une opposition, l'idée exprimée dans le premier membre, et qui est la seule qui importe.

4. Ἠμφεσβήτει, d'ἀμφισβητεῖν. Remarquez le double augment.

5. Ὡς... εἶεν. L'emploi de ὡς avec l'optatif indique que l'auteur rapporte la pensée de celui dont il parle. Il faut donc traduire ὡς par en disant que, en croyant que. — D'ailleurs, l'expression ὡς εἶεν sert de complément, non pas au verbe ἀμφισβητεῖν, mais à l'idée de penser ou de dire, contenue dans ce verbe. C'est pour une raison identique que la négation s'emploie, après ἀμφισβητεῖν, dans la proposition complétive, quand on veut dire que quelqu'un a contesté la vérité d'une chose : il a dit, en effet, que cette chose n'était pas vraie. Cf. Gr., § 332.

6. Ὅτι se rattache au verbe ἐπέδειξαν.

7. Περιγενόμενοι. Ce participe indique une circonstance de temps; le suivant, χειρωσάμενοι, est explicatif; enfin le troisième, νικῶντες, se rattache directement à ἔδειξαν comme complément attributif (Gr., § 321).

XIV. Fin de la guerre du Péloponnèse. — La restauration
de la démocratie à Athènes, et la réconciliation des partis.

Τρίτος δὲ πόλεμος μετὰ ταύτην τὴν εἰρήνην ἀνέλ-
πιστός τε καὶ δεινὸς ἐγένετο, ἐν ᾧ πολλοὶ καὶ ἀγαθοὶ τελευτήσαντες ἐνθάδε κεῖνται, πολλοὶ μὲν ἀμφὶ Σι-
243 κελίαν πλεῖστα τρόπαια στήσαντες ὑπὲρ τῆς Λεοντί-
A νων ἐλευθερίας ¹, οἷς βοηθοῦντες ² διὰ τοὺς ὅρκους
ἔπλευσαν εἰς ἐκείνους τοὺς τόπους, διὰ δὲ μῆκος τοῦ
πλοῦ εἰς ἀπορίαν τῆς πόλεως καταστάσης ³ καὶ οὐ
δυναμένης αὐτοῖς ὑπηρετεῖν, τούτῳ ἀπειπόντες ⁴ ἐδυσ-
τύχησαν· ὧν οἱ ἐχθροὶ καὶ προσπολεμήσαντες πλείω
ἔπαινον ἔχουσι σωφροσύνης καὶ ἀρετῆς ⁵ ἢ τῶν ἄλλων
οἱ φίλοι· πολλοὶ δ᾽ ἐν ταῖς ναυμαχίαις ταῖς καθ᾽ Ἑλ-
B λήσποντον, μιᾷ μὲν ἡμέρᾳ πάσας τὰς τῶν πολεμίων
ἑλόντες ναῦς, πολλὰς δὲ καὶ ἄλλας νικήσαντες· ὃ δ᾽
εἶπον δεινὸν καὶ ἀνέλπιστον τοῦ πολέμου γενέσθαι, τόδε
λέγω τὸ εἰς τοσοῦτον φιλονεικίας ἐλθεῖν πρὸς τὴν πόλιν τοὺς ἄλλους Ἕλληνας, ὥστε τολμῆσαι τῷ ἐχθίστῳ

1. Les Athéniens firent leur
expédition en Sicile (415), sous
prétexte d'aller secourir les Léontins, opprimés par les Syracu-
sains.
2. Οἷς βοηθοῦντες. Remar-
quez qu'en grec un pronom re-
latif peut sans inconvénient se
rattacher à un participe.
3. Εἰς ἀπορίαν τῆς πό-
λεως καταστάσης. Il s'agit
d'Athènes; l'embarras où elle se
trouve est défini par le membre
suivant.
4. Ἀπειπεῖν, renoncer à une
chose par découragement, se
laisser aller au désespoir.
5. Ὧν... ἀρετῆς. Cette phrase
est inintelligible, si l'on n'ad-
met pas, avec Stallbaum, que ἔπαινον ἔχουσι signifie ici font l'éloge,
ont l'éloge (dans la bouche)... Ce
sens s'impose; malheureusement
on n'a pas d'autre exemple d'un
pareil emploi de ἔπαινον ἔχειν.
En revanche, on trouve très souvent l'expression contraire μομ-
φὴν ἔχειν, dans le sens de faire
un reproche. — Le pronom ὧν
dépend de ἔπαινον et indique les
personnes dont on fait l'éloge;
les génitifs σωφροσύνης et ἀρετῆς
en dépendent également, et indiquent les objets de cet éloge.
— Dans le membre suivant, suppléez ἔπαινον ἔχουσιν.

ἐπικηρυκεύσασθαι βασιλεῖ[1], καὶ[2] ὃν κοινῇ ἐξέβαλον
μεθ' ἡμῶν, ἰδίᾳ τοῦτον πάλιν ἐπάγεσθαι, βάρβαρον ἐφ'
Ἕλληνας, καὶ ξυναθροῖσαι ἐπὶ τὴν πόλιν πάντας Ἕλ- C
ληνάς τε καὶ βαρβάρους. Οὗ δὴ καὶ ἐκφανὴς ἐγένετο ἡ
τῆς πόλεως ῥώμη τε καὶ ἀρετή. Οἰομένων[3] γὰρ ἤδη
αὐτὴν καταπεπολεμῆσθαι καὶ ἀπειλημμένων[4] ἐν Μυτι-
λήνῃ τῶν νεῶν[5], βοηθήσαντες ἑξήκοντα ναυσίν, αὐτοὶ[6]
ἐμβάντες εἰς τὰς ναῦς, καὶ ἄνδρες γενόμενοι ὁμολογουμένως ἄριστοι, νικήσαντες μὲν τοὺς πολεμίους, λυσά-
μενοι δὲ τοὺς φιλίους, ἀναξίου τύχης τυχόντες, οὐκ
ἀναιρεθέντες ἐκ τῆς θαλάττης κεῖνται ἐνθάδε[7]. Ὧν
χρὴ ἀεὶ μεμνῆσθαί τε καὶ ἐπαινεῖν· τῇ μὲν γὰρ ἐκείνων D
ἀρετῇ ἐνικήσαμεν οὐ μόνον τὴν τότε ναυμαχίαν, ἀλλὰ
καὶ τὸν ἄλλον πόλεμον· δόξαν γὰρ δι' αὐτοὺς ἡ πόλις
ἔσχε μή ποτ' ἂν καταπολεμηθῆναι[8] μηδ' ὑπὸ πάντων
ἀνθρώπων· καὶ ἀληθῆ ἔδοξε· τῇ δὲ ἡμετέρᾳ αὐτῶν δια-
φορᾷ ἐκρατήθημεν, οὐχ ὑπὸ τῶν ἄλλων· ἀήττητοι γὰρ
ἔτι καὶ νῦν ὑπό γε ἐκείνων ἐσμέν, ἡμεῖς δὲ αὐτοὶ ἡμᾶς
αὐτοὺς καὶ ἐνικήσαμεν καὶ ἡττήθημεν[9].

1. **Τῷ ἐχθίστῳ βασιλεῖ**, le roi de Perse, avec lequel les Lacédémoniens avaient conclu un traité d'alliance en 412.

2. Nous ajoutons, avec Schanz, cette conjonction καί, sans laquelle la phrase est difficilement explicable.

3. **Οἰομένων**. Suppléez τῶν πολεμίων. Cette ellipse du sujet, devant un participe au génitif absolu, n'est pas rare en grec.

4. **Ἀπολαμβάνειν** signifie, en terme de stratégie, *intercepter, priver de ses communications.* Il s'agit ici de la flotte de l'Athénien Conon, bloquée par Callicratidas près de Mytilène.

5. **Τῶν νεῶν**, les vaisseaux des Athéniens.

6. **Αὐτοί** s'applique aux Athéniens qui vainquirent Callicratidas près des Arginuses, îles voisines de Lesbos, et dégagèrent ainsi la flotte de Conon.

7. **Οὐκ... ἐνθάδε**. La négation οὐκ porte à la fois sur le participe et sur le verbe : la proposition entière est négative.

8. **Ἂν καταπολεμηθῆναι**. L'infinitif aoriste avec ἂν a le sens d'un potentiel, d'un futur éventuel : c'est le sens d'un infinitif futur, mais moins catégorique. — Ici, l'infinitif dépend de δόξαν ἔσχε = ἔδοξε. Cf. p. 41, : ote 3.

9. L'auteur escamote très subtilement les défaites réelles des Athéniens.

E Μετὰ δὲ ταῦτα ἡσυχίας γενομένης καὶ εἰρήνης πρὸς τοὺς ἄλλους, ὁ οἰκεῖος ἡμῖν πόλεμος ¹ οὕτως ἐπολεμήθη, ὥστε εἴπερ εἰμαρμένον εἴη ἀνθρώποις στασιάσαι, μὴ ἂν ἄλλως εὔξασθαι μηδένα πόλιν ἑαυτοῦ νοσῆσαι ². Ἔκ τε γὰρ τοῦ Πειραιῶς καὶ τοῦ ἄστεως ὡς ἀσμένως καὶ οἰκείως ἀλλήλοις συνέμιξαν οἱ πολῖται καὶ παρ' ἐλπίδα 244 τοῖς ἄλλοις Ἕλλησι, τόν τε πρὸς τοὺς Ἐλευσῖνι πόλεμον ³
Λ ὡς μετρίως ἔθεντο· καὶ τούτων ἁπάντων οὐδὲν ἄλλ' αἴτιον ἢ ἡ τῷ ὄντι ξυγγένεια, φιλίαν βέβαιον καὶ ὁμόφυλον οὐ λόγῳ ἀλλ' ἔργῳ παρεχομένη. Χρὴ δὲ καὶ τῶν ἐν τούτῳ τῷ πολέμῳ τελευτησάντων ὑπ' ἀλλήλων ⁴ μνείαν ἔχειν καὶ διαλλάττειν αὐτοὺς ᾧ ⁵ δυνάμεθα, εὐχαῖς καὶ θυσίαις, ἐν τοῖς τοιοῖσδε ⁶, τοῖς κρατοῦσιν αὐτῶν ⁷ εὐ-χομένους, ἐπειδὴ καὶ ἡμεῖς διηλλάγμεθα. Οὐ γὰρ κακίᾳ
Β ἀλλήλων ἥψαντο οὐδ' ἔχθρᾳ, ἀλλὰ δυστυχίᾳ. Μάρτυ-ρες δὲ ἡμεῖς αὐτοί ἐσμεν τούτων οἱ ζῶντες· οἱ αὐτοὶ γὰρ ὄντες ἐκείνοις ⁸ γένει συγγνώμην ἀλλήλοις ἔχομεν ὧν τ' ἐποιήσαμεν ὧν τ' ἐπάθομεν.

1. **Οἰκεῖος πόλεμος.** C'est la guerre civile qui eut lieu entre Thrasybule et les trente Tyrans, en 403.

2. Construisez : ὥστε... μη-δένα εὔξασθαι ἄν πόλιν ἑαυτοῦ νο-σῆσαι ἄλλως. La négation μή se joint à μηδένα sans le détruire.

3. L'expédition d'Éleusis ter-mina la guerre civile : c'était là que s'étaient réfugiés les trente Tyrans, et ils y avaient levé des troupes, grâce à l'argent des Lacédémoniens. — Les démo-crates, désormais revenus au pouvoir, accordèrent une amnis-tie générale aux partisans des Trente, *à ceux de la Ville.* Eux-mêmes s'appelaient *ceux du Pirée,* parce que c'était là que Thrasybule avait réuni l'armée libératrice.

4. **Ὑπ' ἀλλήλων.** Remar-quez que τελευτησάντων est cons-truit tout à fait comme un verbe passif : il équivaut en effet à ἀποθανόντων, et l'on sait que ἀποθνήσκω sert de passif à ἀποκτείνω. Cf. *Gr.,* § 215.

5. **Ὧι**, datif neutre = *par le moyen que.*

6. **Ἐν τοῖς τοιοῖσδε.** L'ora-teur désigne par ces mots les funérailles que l'on est en train de célébrer.

7. **Τοῖς κρατοῦσιν αὐτῶν**, *leurs maîtres,* c'est-à-dire les di-vinités infernales.

8. Ce datif ἐκείνοις sert de complément à οἱ αὐτοί. Cf. *Gr.,* § 170.

XV. Égoïsme et ambition de Sparte.

Μετὰ δὲ τοῦτο παντελοῦς εἰρήνης ἡμῖν γενομένης, ἡσυχίαν ἦγεν ἡ πόλις, τοῖς μὲν βαρβάροις συγγιγνώσκουσα, ὅτι παθόντες ὑπ' αὐτῆς κακῶς ἱκανῶς[1] οὐκ C ἐνδεῶς ἡμύναντο, τοῖς δὲ Ἕλλησιν ἀγανακτοῦσα, μεμνημένη ὡς εὖ παθόντες ὑπ' αὐτῆς οἵαν χάριν[2] ἀπέδοσαν, κοινωσάμενοι τοῖς βαρβάροις, τάς τε ναῦς περιελόμενοι[3], αἵ ποτ' ἐκείνους ἔσωσαν, καὶ τείχη καθελόντες[4] ἀνθ' ὧν[5] ἡμεῖς τἀκείνων ἐκωλύσαμεν πεσεῖν· διανοουμένη δὲ ἡ πόλις, μὴ ἂν ἔτι ἀμῦναι[6] μήτε Ἕλλησι πρὸς ἀλλήλων δουλουμένοις μήτε ὑπὸ βαρβάρων[7], οὕτως ᾤκει[8]. Ἡμῶν οὖν ἐν τοιαύτῃ διανοίᾳ ὄντων ἡγησάμενοι Λακεδαιμόνιοι τοὺς μὲν ἐλευθερίας ἐπικούρους πεπτωκέναι ἡμᾶς, σφέτερον δὲ ἤδη ἔρξον εἶναι καταδουλοῦσθαι τοὺς ἄλλους, ταῦτ' ἔπραττον. •

1. Ἱκανῶς. Cet adverbe est suspect et pourrait bien être une glose explicative de οὐκ ἐνδεῶς, qui se serait à tort introduite dans le texte. Si on veut le conserver, il faut le rattacher à παθόντες κακῶς, et le considérer comme répondant, dans ce premier membre à l'expression οὐκ ἐνδεῶς du second membre. Il n'est pas rare en effet de voir ἱκανῶς et ἐνδεῶς opposés l'un à l'autre. PLATON, *Phaedon*, 83 c : ἱκανῶς ἐβοήθησεν ἢ ἐνδεῶς ;

2. Ὡς εὖ παθόντες... οἵαν χάριν. On voit par cet exemple que, contrairement à l'usage français, plusieurs parties d'une même proposition peuvent recevoir la construction interrogative : cette règle s'applique aussi bien à l'interrogation indirecte, ce qui est ici le cas, qu'à l'interrogation directe (*Gr.*,

§ 228, II).

3. Τὰς ναῦς περιελόμενοι. Après la prise d'Athènes, en 404, le général lacédémonien Lysandre fit enlever aux Athéniens leurs vaisseaux, que l'on brûla ensuite au son de la flûte.

4. Καὶ τείχη καθελόντες. C'est encore Lysandre qui fut l'auteur de cette mesure implacable, dans les circonstances ci-dessus indiquées.

5. Ἀνθ' ὧν, *en retour de ce fait, que...*

6. Ἂν ἀμῦναι. L'équivalence de l'infinitif aoriste avec ἄν et de l'infinitif futur est plus visible ici encore que p. 47, n. 8.

7. Ὑπὸ βαρβάρων dépend du participe δουλουμένοις, au même titre que πρὸς ἀλλήλων.

8. Ὤκει. Cf. plus haut, p. 35, n. 3.

4

XVI. Athènes s'arme encore une fois pour défendre la liberté des cités grecques.

D   Καὶ μηκύνειν μὲν τί δεῖ; οὐ γὰρ πάλαι οὐδ' ἐπ'
ἄλλων ἀνθρώπων γεγονότα [1] λέγοιμ' ἂν τὰ μετὰ
ταῦτα· αὐτοὶ γὰρ ἴσμεν, ὡς ἐκπεπληγμένοι ἀφίκοντο
εἰς χρείαν [2] τῆς πόλεως τῶν τε Ἑλλήνων οἱ πρῶτοι,
Ἀργεῖοι καὶ Βοιωτοὶ καὶ Κορίνθιοι, καὶ τό γε θειότατον πάντων, τὸ καὶ βασιλέα εἰς τοῦτο ἀπορίας ἀφικέ-
σθαι [3], ὥστε περιστῆναι [4] αὐτῷ μηδαμόθεν ἄλλοθεν τὴν

1. Le participe γεγονότα, construit sans article, est attribut : « Les événements postérieurs que j'aurais maintenant à vous raconter n'ont pas été réalisés dans un passé lointain ni... » — Οὐδ' ἐπ' ἄλλων ἀνθρώπων, correction très simple et très satisfaisante de Bekker, au lieu de la leçon inintelligible des mss. : οὐδὲ πολλῶν ἀνθρώπων. Ἐπί avec le génitif = du temps de. — Les événements auxquels l'orateur fait maintenant allusion sont postérieurs à la mort de Socrate : ils eurent lieu en 395 et Socrate avait bu la ciguë en 399. Pour cet anachronisme, cf. l'Introduction, p. 12.

2. Ἀφίκοντο εἰς χρείαν, ils furent réduits à avoir besoin... — L'orateur arrange un peu les faits à sa façon. Voici l'histoire : poursuivant le cours de leurs succès, les Lacédémoniens, après avoir secouru Cyrus le jeune contre son frère Artaxerxès II, combattirent victorieusement, en Asie même, contre le roi de Perse; Agésilas était à leur tête. Pour se débarrasser de ces ennemis, Artaxerxès souleva contre Lacédémone la plupart des peuples de la Grèce : les

Athéniens furent heureux de prendre part à cette guerre, qu'on appela la guerre de Corinthe (395). Agésilas, rappelé en Europe, vainquit les Grecs confédérés à Coronée, mais le général athénien Conon, alors exilé de sa patrie, mit ses talents au service du roi de Perse et, sur la flotte persane, infligea aux Lacédémoniens de sanglants échecs, dont le plus célèbre est celui de Cnide. Conon rentra alors à Athènes, dont il releva les murs. Les Lacédémoniens, effrayés, députèrent Antalcidas vers le roi de Perse et obtinrent de lui la signature d'un traité connu sous le nom de paix d'Antalcidas, auquel les Athéniens furent obligés d'accéder (387).

3. Après τῶν τε Ἑλλήνων οἱ πρῶτοι, la symétrie demanderait καὶ αὐτὸς βασιλεύς. Mais la parenthèse τὸ θειότατον πάντων a fait oublier à l'écrivain sa première construction : il y a anacoluthe.

4. Περιστῆναι se dit ordinairement d'un changement dans la situation de quelqu'un. Comme il est ici déterminé par un infinitif, il faut traduire :

σωτηρίαν γενέσθαι ἀλλ' ἢ ἐκ ταύτης τῆς πόλεως, ἣν
προθύμως ἀπώλλυ '· καὶ δὴ καὶ εἴ τις βούλοιτο τῆς E
πόλεως κατηγορῆσαι δικαίως, τοῦτ' ἂν μόνον λέγων
ὀρθῶς ἂν κατηγοροῖ, ὡς ἀεὶ λίαν φιλοικτίρμων ἐστὶ καὶ
τοῦ ἥττονος θεραπίς. Καὶ δὴ καὶ ἐν τῷ τότε χρόνῳ
οὐχ οἷά τε ἐγένετο καρτερῆσαι οὐδὲ διαφυλάξαι ἃ ἐδέ-
δοκτο αὐτῇ, τὸ μηδενὶ δουλουμένῳ βοηθεῖν τῶν σφᾶς ² 245
ἀδικησάντων, ἀλλὰ ἐκάμφθη καὶ ἐβοήθησε, καὶ τοὺς A
μὲν Ἕλληνας αὐτὴ βοηθήσασα ἀπελύσατο δουλείας,
ὥστ' ἐλευθέρους εἶναι μέχρι οὗ πάλιν αὐτοὶ αὐτοὺς κα-
τεδουλώσαντο, βασιλεῖ δὲ αὐτὴ ³ μὲν οὐκ ἐτόλμησε
βοηθῆσαι, αἰσχυνομένη τὰ τρόπαια τά τε Μαραθῶνι
καὶ Σαλαμῖνι καὶ Πλαταιαῖς, φυγάδας ' δὲ καὶ ἐθελον-
τὰς ἐάσασα μόνον βοηθῆσαι ὁμολογουμένως ἔσωσε. Τει- B
χισαμένη δὲ καὶ ναυπηγησαμένη, ἐκδεξαμένη τὸν πόλεμον, ἐπειδὴ ἀναγκάσθη πολεμεῖν, ὑπὲρ Ἀργείων
ἐπολέμει Λακεδαιμονίοις.

XVII. Athènes seule fait passer jusqu'au bout le devoir avant l'intérêt.

Φοβηθεὶς δὲ βασιλεὺς τὴν πόλιν, ἐπειδὴ ἑώρα
Λακεδαιμονίους τῷ κατὰ θάλατταν πολέμῳ ἀπαγο-
ρεύοντας, ἀποστῆναι βουλόμενος, ἐξήτει τοὺς Ἕλληνας
τοὺς ἐν τῇ ἠπείρῳ ⁵, οὕσπερ πρότερον Λακεδαιμόνιοι

τ Au point qu'il lui arriva, *par un changement de fortune*, de n'avoir... »

1. Ἀπώλλυ. Imparfait *de conatu*; cf. *Gr.*, § 217.

2. Σφᾶς est employé par syllepse, absolument comme nous avons vu ἑαυτῶν, p. 43, n. 6.

3. Ce pronom αὐτή, et celui qui se trouve un peu plus haut, devant βοηθήσασα, sont opposés aux mots φυγάδας καὶ ἐθελοντάς,

deux lignes plus bas. L'orateur rappelle ce que les Athéniens firent et ce qu'ils n'osèrent pas faire *par eux-mêmes*, avant de dire ce qu'ils ont laissé faire à *d'autres*.

4. Φυγάδας. Allusion à Conon (Cf. la note 2 de la page 50).

5. Τοὺς ἐν τῇ ἠπείρῳ. Il s'agit des Grecs du continent asiatique.

αὐτῷ ἐξέδοσαν ¹, εἰ μέλλοι ² συμμαχήσειν ἡμῖν τε καὶ
τοῖς ἄλλοις συμμάχοις, ἡγούμενος ³ οὐκ ἐθελήσειν, ἵν'
C αὐτῷ πρόφασις εἴη τῆς ἀποστάσεως. Καὶ τῶν μὲν ἄλλων
ξυμμάχων ἐψεύσθη ⁴· ἠθέλησαν γὰρ αὐτῷ ἐκδιδόναι καὶ
ξυνέθεντο καὶ ὤμοσαν Κορίνθιοι καὶ Ἀργεῖοι καὶ Βοιωτοὶ καὶ ἄλλοι σύμμαχοι, εἰ μέλλοι χρήματα παρέξειν,
ἐκδώσειν ⁵ τοὺς ἐν τῇ ἠπείρῳ Ἕλληνας· μόνοι δὲ ἡμεῖς
οὐκ ἐτολμήσαμεν ⁶ οὔτε ἐκδοῦναι οὔτε ὀμόσαι. Οὕτω
δή τοι τό γε τῆς πόλεως γενναῖον καὶ ἐλεύθερον βέβαιόν
τε καὶ ὑγιές ἐστι καὶ φύσει μισοβάρβαρον, διὰ τὸ εἰ-
D λικρινῶς εἶναι Ἕλληνες ⁷ καὶ ἀμιγεῖς βαρβάρων. Οὐ γὰρ
Πέλοπες οὐδὲ Κάδμοι οὐδὲ Αἴγυπτοί τε καὶ Δαναοὶ ⁸
οὐδὲ ἄλλοι πολλοὶ φύσει μὲν βάρβαροι ὄντες, νόμῳ δὲ
Ἕλληνες, συνοικοῦσιν ἡμῖν, ἀλλ' αὐτοὶ Ἕλληνες, οὐ
μιξοβάρβαροι ⁹ οἰκοῦμεν ¹⁰, ὅθεν καθαρὸν τὸ μῖσος ἐντέτηκε ¹¹ τῇ πόλει τῆς ἀλλοτρίας φύσεως. Ὅμως δ' οὖν

1. Λακεδαιμόνιοι ἐξέδοσαν.
C'était en effet une des clauses
du traité conclu en 412, auquel
l'orateur a déjà fait allusion
(voyez p. 47, n. 1).

2. Εἰ μέλλοι, litt. s'il devait...
Entendez : « Si nous voulions qu'il
demeurât notre allié. »

3. Suppléez ἡμᾶς, sujet de
ἐθελήσειν.

4. Ἐψεύσθη est construit ici
avec le génitif, comme les verbes
signifiant manquer, échouer dans,
être frustré dans (Gr., § 167, 8°).

5. Cet infinitif dépend de ὤμοσαν.

6. Ἐτολμήσαμεν. Nous em-
ployons ainsi en français, avec la
même nuance d'ironie, l'expression avoir le courage de...

7. Pour expliquer régulière-
ment cet attribut au nominatif,
Ἕλληνες, que donnent tous les
mss., il faudrait qu' ἡμεῖς eût été

auparavant employé comme sujet
(Gr., § 283). Mais on peut regarder l'expression τὸ τῆς πόλεως
γενναῖον... βέβαιόν ἐστι comme
équivalant à cette autre : ἡμεῖς
γενναῖοι... βεβαίως ἐσμέν.

8. Ces pluriels emphatiques
désignent des personnages plus
ou moins légendaires, fondateurs
de cités grecques. Pélops était
phrygien, Cadmos phénicien ;
Ægyptos et Danaos, réunis dans
un même groupe par τε... καὶ,
étaient les deux frères, tous
deux d'Égypte.

9. Οὐ μιξοβάρβαροι est
identique à ἀμιγεῖς βαρβάρων,
qui se trouve un peu plus haut.

10. Οἰκοῦμεν. Cf. p. 35, n. 3.

11. Ἐντέτηκε, parfait second
de ἐντήκω. Il a un sens intransitif : s'infuser dans... — Τῆς ἀλλοτρίας φύσεως dépend de τὸ μῖσος.

ἐμονώθημεν πάλιν διὰ τὸ μὴ ἐθέλειν αἰσχρὸν καὶ ἀνόσιον
ἔργον ἐργάσασθαι Ἕλληνες Ἕλληνας [1] βαρβάροις ἐκδόν-
τες. Ἐλθόντες οὖν εἰς ταὐτά [2], ἐξ ὧν καὶ τὸ πρότερον E
κατεπολεμήθημεν, σὺν θεῷ ἄμεινον ἢ τότε ἐθέμεθα τὸν
πόλεμον· καὶ γὰρ ναῦς καὶ τείχη ἔχοντες καὶ τὰς ἡμετέρας αὐτῶν ἀποικίας ἀπηλλάγημεν τοῦ πολέμου [3], οὕτως
ἀγαπητῶς [4] ἀπηλλάττοντο καὶ οἱ πολέμιοι· ἀνδρῶν μέντοι ἀγαθῶν καὶ ἐν τούτῳ τῷ πολέμῳ ἐστερήθημεν, τῶν
τε ἐν Κορίνθῳ χρησαμένων δυσχωρίᾳ καὶ ἐν Λεχαίῳ [5] 246
προδοσίᾳ· ἀγαθοὶ δὲ καὶ οἱ βασιλέα ἐλευθερώσαντες [6] A
καὶ ἐκβαλόντες ἐκ τῆς θαλάττης Λακεδαιμονίους· ὧν
ἐγὼ μὲν ὑμᾶς ἀναμιμνήσκω, ὑμᾶς δὲ πρέπει ξυνεπαι-
νεῖν τε καὶ κοσμεῖν τοιούτους ἄνδρας.

1. Certains manuscrits ont Ἕλληνες, d'autres Ἕλληνας seulement. Nous pensons, avec Schanz,
que les deux mots doivent être
maintenus. C'est une tournure
semblable à celle que nous trou-
verons un peu plus loin, p. 57,
n. 8.

2. Εἰς ταὐτά = εἰς τὰ αὐτά,
dans cette même situation (qui
avait été la cause de nos précédentes défaites).

3. L'orateur atténue à dessein
les conséquences, fâcheuses pour
l'honneur d'Athènes, du traité
d'Antalcidas. Les colonies que
gardèrent les Athéniens furent
seulement Lemnos, Imbros et
Scyros; toutes les cités grecques
de l'Asie Mineure, ainsi que
Chypre, appartinrent définitive-
ment au grand roi; les Lacédémoniens furent enfin chargés de
surveiller dans la Grèce l'exécution du traité, ce qui assura leur
prépondérance.

4. Ἀγαπητῶς. Les Lacé-
démoniens, en effet, devaient
être heureux de terminer ainsi la
guerre. Nous avouons ne pas
comprendre pourquoi Hermann
supprime toute cette proposition,
dont l'explication est si naturelle; mais nous comprenons encore moins pourquoi Schanz in-
sère la conjonction ὥστε entre
οὕτως et ἀγαπητῶς.

5. Λεχαίῳ. Léchée, port de
Corinthe; les Athéniens et les
Béotiens y furent battus, grâce
à la trahison de quelques aristo-
crates Corinthiens, qui guidèrent
contre eux les troupes de Sparte.

6. Οἱ βασιλέα ἐλευθερώ-
σαντες. Allusion aux exploits de
Conon et à la bataille de Cnide.
Cf. p. 50, n. 2.

XVIII. Il faut suivre ler exemples de ces illustres citoyens.
L'orateur va redire les dernières paroles de ceux qui sont morts
sur le champ de bataille.

Καὶ τὰ μὲν δὴ ἔργα ταῦτα τῶν ἀνδρῶν τῶν
ἐνθάδε κειμένων καὶ τῶν ἄλλων, ὅσοι ὑπὲρ τῆς πόλεως
τετελευτήκασι, πολλὰ μὲν τὰ εἰρημένα καὶ καλά, πολὺ
B δ' ἔτι πλείω καὶ καλλίω τὰ ὑπολειπόμενα. Πολλαὶ γὰρ
ἂν ἡμέραι καὶ νύκτες οὐχ ἱκαναὶ γένοιντο τῷ τὰ πάντα
μέλλοντι περαίνειν. Τούτων οὖν χρὴ μεμνημένους [1]
τοῖς τούτων ἐκγόνοις πάντ' ἄνδρα παρακελεύεσθαι,
ὥσπερ ἐν πολέμῳ, μὴ λείπειν τὴν τάξιν τὴν τῶν προγόνων μηδ' εἰς τοὐπίσω ἀναχωρεῖν εἴκοντας κάκη[2].
Ἐγὼ μὲν οὖν καὶ αὐτός, ὦ παῖδες ἀνδρῶν ἀγαθῶν, νῦν
τε παρακελεύομαι[3] καὶ ἐν τῷ λοιπῷ χρόνῳ, ὅπου ἄν
C τῳ[4] ἐντυγχάνω ὑμῶν, καὶ ἀναμνήσω καὶ διακελεύσο-
μαι προθυμεῖσθαι εἶναι ὡς ἀρίστους· ἐν δὲ τῷ παρόντι
δίκαιός εἰμι[5] εἰπεῖν, ἃ οἱ πατέρες[6] ἡμῖν ἐπέσκηπτον
ἀπαγγέλλειν τοῖς λειπομένοις[7], εἴ τι πάσχοιεν[8],
ἡνίκα κινδυνεύειν ἔμελλον. Φράσω δὲ ὑμῖν ἅ τε αὐτῶν
ἤκουσα ἐκείνων καὶ οἷα νῦν ἡδέως ἂν εἴποιεν ὑμῖν λαβόντες[9] δύναμιν, τεκμαιρόμενος ἐξ ὧν τότε ἔλεγον. Ἀλλὰ
νομίζειν χρὴ αὐτῶν ἀκούειν ἐκείνων ἃ ἂν ἀπαγγέλλω·
ἔλεγον δὲ τάδε.

1. Remarquez le pluriel μεμνημένους à côté de l'expression
πάντ' ἄνδρα, qui est grammaticalement au singulier, mais qui ré-
veille l'idée de pluralité : c'est
une *syllepse*.

2. Κάκη, ainsi accentué, est
un substantif.

3. Ἐγώ... παρακελεύομαι.
L'orateur remplit lui-même, et
dès maintenant, le programme
qu'il vient de tracer à tous.

4. Τῳ, enclitique, = τινι.

5. Δίκαιός εἰμι. Pour l'explication de cette tournure personnelle, cf. *Gr.*, § 288, II.

6. Οἱ πατέρες, suppléez ὑμῶν.

7. Entendez ὑμῖν τοῖς λειπομένοις.

8. Εἴ τι πάσχοιεν, expression adoucie, familière aux Attiques, pour εἰ ἀποθάνοιεν.

9. Λαβόντες = εἰ λάβοιεν.

XIX. Recommandations aux enfants des soldats tués à la guerre.

« Ὦ παῖδες, ὅτι μέν ἐστε πατέρων ἀγαθῶν, αὐτὸ D
μηνύει τὸ νῦν παρόν· ἡμῖν δὲ ἐξὸν ζῆν μὴ καλῶς, καλῶς
αἱρούμεθα μᾶλλον τελευτᾶν, πρὶν ὑμᾶς τε καὶ τοὺς
πει τα εἰς ὀνείδη καταστῆσαι καὶ πρὶν τοὺς ἡμετέρους
πατέρας καὶ πᾶν τὸ πρόσθεν γένος αἰσχῦναι, ἡγούμενοι
τῷ τοὺς αὐτοῦ αἰσχύνοντι ἀβίωτον εἶναι, καὶ τῷ τοιούτῳ
οὔτε τινὰ ἀνθρώπων οὔτε θεῶν φίλον εἶναι οὔτ' ἐπὶ γῆς
οὔθ' ὑπὸ γῆς τελευτήσαντι [1]. Χρὴ οὖν μεμνημένους τῶν
ἡμετέρων λόγων, ἐάν τι καὶ ἄλλο ἀσκῆτε, ἀσκεῖν μετ' E
ἀρετῆς, εἰδότας ὅτι τούτου λειπόμενα [2] πάντα καὶ κτήμα-
τα καὶ ἐπιτηδεύματα αἰσχρὰ κακά [3]. Οὔτε γὰρ πλοῦτος
κάλλος [4] φέρει τῷ κεκτημένῳ [5] μετ' ἀνανδρίας (ἄλλῳ [6]
γὰρ ὁ τοιοῦτος πλουτεῖ καὶ οὐχ ἑαυτῷ)· οὔτε σώματος
κάλλος καὶ ἰσχὺς, δειλῷ καὶ κακῷ ξυνοικοῦντα, πρέποντα
φαίνεται ἀλλ' ἀπρεπῆ, καὶ ἐπιφανέστερον ποιεῖ τὸν 247
ἔχοντα καὶ ἐκφαίνει τὴν δειλίαν [7]· πᾶσά τε [8] ἐπιστήμη A
χωριζομένη δικαιοσύνης καὶ τῆς ἄλλης ἀρετῆς πανουργία,
οὐ σοφία φαίνεται. Ὧν ἕνεκα καὶ πρῶτον καὶ ὕστατον
καὶ διὰ παντὸς πᾶσαν πάντως προθυμίαν πειρᾶσθε ἔχειν,
ὅπως μάλιστα μὲν ὑπερβαλεῖσθε καὶ ἡμᾶς καὶ τοὺς

---

1. Le participe τελευτήσαντι, une fois qu'il est mort, ne sert qu'à expliquer l'expression ὑπὸ γῆς. Certains éditeurs y ont vu une glose introduite à tort dans le texte.

2. Τούτου λειπόμενα a un sens conditionnel et équivaut à ἐὰν τούτου λείπηται.

3. Quel que soit le véritable auteur du discours, on ne saurait trop admirer la noblesse de ces conseils, ainsi que de la doctrine qui va être ensuite développée.

4. Κάλλος : éclat, au sens moral.

5. Κεκτημένῳ, au parfait = celui qui possède.

6. Ἄλλῳ, datif d'intérêt, ainsi que ἑαυτῷ. Cf. Gr., § 171.

7. Entendez τὴν (τοῦ ἔχοντος) δειλίαν.

8. Πᾶσά τε correspond à οὔτε πλοῦτος..., οὔτε κάλλος... C'est la troisième partie de l'énumération qui est ainsi annoncée.

πρόσθεν εὐκλείᾳ· εἰ δὲ μὴ, ἴστε ὡς ἡμῖν, ἂν μὲν νικῶ-
μεν ὑμᾶς ἀρετῇ, ἡ νίκη αἰσχύνην φέρει, ἡ δὲ ἧττα, ἐὰν
ἡττώμεθα, εὐδαιμονίαν. Μάλιστα δ' ἂν νικώμεθα [1] καὶ
B ὑμεῖς νικῷητε, εἰ παρασκευάσαισθε τῇ τῶν προγόνων
δόξῃ μὴ καταχρησόμενοι [2] μηδ' ἀναλώσοντες αὐτήν,
γνόντες ὅτι ἀνδρὶ οἰομένῳ τι εἶναι οὐκ ἔστιν αἴσχιον
οὐδὲν ἢ παρέχειν ἑαυτὸν τιμώμενον μὴ δι' ἑαυτὸν ἀλλὰ
διὰ δόξαν προγόνων. Εἶναι μὲν γὰρ τιμὰς γονέων [3]
ἐκγόνοις καλὸς θησαυρὸς καὶ μεγαλοπρεπής· χρῆσθαι δὲ
καὶ χρημάτων καὶ τιμῶν θησαυρῷ, καὶ μὴ τοῖς ἐκγόνοις παραδιδόναι, αἰσχρὸν καὶ ἄνανδρον, ἀπορίᾳ ἰδίων
C αὐτοῦ [4] κτημάτων τε καὶ εὐδοξιῶν. Καὶ ἐὰν μὲν ταῦτα
ἐπιτηδεύσητε, φίλοι παρὰ φίλους ἡμᾶς ἀφίξεσθε, ὅταν
ὑμᾶς ἡ προσήκουσα μοῖρα κομίσῃ· ἀμελήσαντας δὲ ὑμᾶς
καὶ κακισθέντας οὐδεὶς εὐμενῶς ὑποδέξεται. Τοῖς μὲν
οὖν παισὶ ταῦτ' εἰρήσθω.

XX. Recommandations aux parents des mêmes guerriers.

« Πατέρας δὲ ἡμῶν, οἷς εἰσὶ [5], καὶ μητέρας
ἀεὶ χρὴ παραμυθεῖσθαι ὡς ῥᾷστα φέρειν τὴν ξυμφο-
ρὰν, ἐὰν ἄρα ξυμβῇ [6] γενέσθαι, καὶ μὴ ξυνοδύρεσ-

---

1. Νικώμεθα, avec ι souscrit, est un optatif. Ἄν est donc ici la particule conditionnelle, non l'équivalent de ἐάν comme dans la phrase précédente.

2. Καταχρησόμενοι. Il n'est pas rare de trouver un participe futur comme complément du verbe παρασκευάζεσθαι. PLATON, Phaedon, p. 98 a : περὶ ἡλίου παρεσκευάσμην πεισόμενος. THU-CYDIDE, V, 8 : παρεσκευάζετο ἐπι-θησόμενος.

3. Τιμὰς γονέων est le sujet de l'infinitif εἶναι, et la pro-position infinitive εἶναι τιμὰς γο-νέων sert elle-même de sujet au verbe ἐστί sous-entendu. Θησαυ-ρός est l'attribut.

4. Αὐτοῦ renvoie au sujet sous entendu des infinitifs χρῆ-σθαι et παραδιδόναι, mais il ne sert lui-même qu'à renforcer le sens de l'adjectif ἰδίων.

5. Οἷς εἰσί, litt. : (pour ceux d'entre nous) à qui sont (encore leurs parents), se rattache à ἡμῶν.

6. Ἐὰν ξυμβῇ. N'oublions pas que cette recommandation a été faite avant le combat, quand

θαι¹ (οὐ γὰρ τοῦ λυπήσοντος² προσδεήσονται· ἱκανὴ γὰρ
ἔσται καὶ ἡ γενομένη τύχη τοῦτο πορίζειν), ἀλλ᾽ ἰω- D
μένους καὶ πραΰνοντας³ ἀναμιμνήσκειν αὐτοὺς ὅτι ὧν
εὔχοντο τὰ μέγιστα αὐτοῖς οἱ θεοὶ ἐπήκοοι γεγόνασιν.
Οὐ γὰρ ἀθανάτους σφίσι παῖδας εὔχοντο γενέσθαι ἀλλ᾽
ἀγαθοὺς καὶ εὐκλεεῖς· ὧν ἔτυχον⁴, μεγίστων ἀγαθῶν
ὄντων· πάντα δὲ οὐ ῥᾴδιον θνητῷ ἀνδρὶ κατὰ νοῦν ἐν
τῷ ἑαυτοῦ βίῳ ἐκβαίνειν. Καὶ φέροντες μὲν ἀνδρείως
τὰς συμφορὰς δόξουσι τῷ ὄντι ἀνδρείων παίδων πατέρες
εἶναι καὶ αὐτοὶ τοιοῦτοι, ὑπείκοντες δὲ⁵ ὑποψίαν παρέ- E
ξουσιν ἢ μὴ ἡμέτεροι εἶναι ἢ ἡμῶν⁶ τοὺς ἐπαινοῦντας καταψεύδεσθαι· χρὴ δὲ οὐδέτερα τούτων, ἀλλ᾽
ἐκείνους μάλιστα ἡμῶν ἐπαινέτας εἶναι ἔργῳ παρέχον-
τας αὐτοὺς φαινομένους⁷ τῷ ὄντι πατέρας ὄντας ἄνδρας
ἀνδρῶν⁸. Πάλαι γὰρ δὴ τὸ μηδὲν ἄγαν λεγόμενον⁹
καλῶς δοκεῖ λέγεσθαι· τῷ γὰρ ὄντι εὖ λέγεται. Ὅτῳ
γὰρ ἀνδρὶ¹⁰ εἰς ἑαυτὸν ἀνήρτηται πάντα τὰ πρὸς εὐ-

la destinée était encore incertaine : d'où l'emploi du subjonctif précédé de ἐάν, qui est le
mode de l'éventualité.

1. Μὴ ξυνοδύρεσθαι. Cet
infinitif, comme celui qui suit la
parenthèse, se rattache à χρή, et
non à παραμυθεῖσθαι.

2. Τοῦ λυπήσοντος. Pour
le sens de ce participe futur,
cf. Gr., § 300.

3. Ces participes se rappor-
tent à ὑμᾶς, sujet sous-entendu
d'ἀναμιμνήσκειν. — Ἰωμένους, participe de ἰᾶσθαι.

4. Ὧν ἔτυχον est une apposition à toute la proposition précédente : choses qu'ils ont ob-
tenues...

5. Ὑπείκοντες δέ == ἐὰν δ᾽
ὑπείκωσι, s'ils se laissent abattre.

6. Ἡμῶν doit se rattacher à
ἐπαινοῦντας. Remarquez ce parti-

cipe de verbe transitif, se construi-
sant avec un génitif, parce qu'il
est employé substantivement. Le
même usage existe en latin.

7. Φαινομένους doit se traduire en français par un des
adverbes visiblement, manifeste-
ment. Il en est presque toujours
ainsi quand φαίνεσθαι est accompagné d'un participe. (Cf. Gr.,
§ 316.)

8. Remarquez la force que
donnent au style ces répétitions
du même mot à des formes différentes : τῷ ὄντι... ὄντας, ἄνδρας
ἀνδρῶν.

9. Τὸ λεγόμενον, ce qui se
dit couramment, le proverbe. —
La négation μή, contenue dans
la formule de ce proverbe, montre bien qu'il a un sens impératif : ne quid nimis.

10. Cicéron (Tuscul., V, 12,

248 δαιμονίαν φέροντα ἢ ἐγγὺς τούτου¹, καὶ μὴ ἐν ἄλλοις
A ἀνθρώποις αἰωρεῖται, ἐξ ὧν, ἢ εὖ ἢ κακῶς πραξάντων,
πλανᾶσθαι ἠνάγκασται καὶ τὰ ἐκείνου, τούτῳ ἄριστα
παρεσκεύασται ζῆν· οὗτός ἐστιν ὁ σώφρων² καὶ οὗτος
ὁ ἀνδρεῖος καὶ φρόνιμος· οὗτος, γιγνομένων χρημάτων
καὶ παίδων, καὶ διαφθειρομένων μάλιστα³, πείσεται
τῇ παροιμίᾳ· οὔτε γὰρ χαίρων οὔτε λυπούμενος ἄγαν
φανήσεται διὰ τὸ αὐτῷ πεποιθέναι. Τοιούτους δὲ ἡμεῖς
B γε ἀξιοῦμεν καὶ τοὺς ἡμετέρους εἶναι καὶ βουλόμεθα καὶ
φαμέν· καὶ ἡμᾶς αὐτοὺς νῦν παρέχομεν τοιούτους, οὐκ
ἀγανακτοῦντας οὐδὲ φοβουμένους ἄγαν, εἰ δεῖ τελευτᾶν
ἐν τῷ παρόντι. Δεόμεθα δὴ καὶ πατέρων καὶ μητέρων,
τῇ αὐτῇ ταύτῃ διανοίᾳ χρωμένους⁴ τὸν ἐπίλοιπον βίον
διάγειν, καὶ εἰδέναι, ὅτι οὐ θρηνοῦντες οὐδὲ ὀλοφυρόμε-
νοι ἡμᾶς ἡμῖν μάλιστα χαριοῦνται, ἀλλ' εἴ τις ἔστι
C τοῖς τετελευτηκόσιν αἴσθησις τῶν ζώντων, οὕτως ἀχά-
ριστοι εἶεν ἂν μάλιστα, ἑαυτούς τε κακοῦντες καὶ βα-

---

36) a traduit tout ce passage :
« *Nam cui viro ex se ipso apta
sunt omnia quae ad beate viren-
dum ferunt, nec, suspensa aliorum
aut bono casu aut contrario, pen-
dere ex alterius eventis et errare
coguntur, huic optime vivendi ra-
tio comparata est. Hic est ille
moderatus, hic fortis, hic sapiens;
hic, et nascentibus et cadentibus
cum plerisque commodis, tum maxime liberis, parebit et oboediet prae-
cepto illi v . . i : neque enim lae-
tabitur unquam nec maerebit nimis,
quod semper in se ipso omnem
spem reponet sui.*

1. Ἢ ἐγγὺς τούτου. Ces
trois mots n'ont pas été traduits
par Cicéron.

2. Ne confondez pas οὗτός
ἐστι σώφρων, *cet homme est sage*,
avec οὗτός ἐστιν ὁ σώφρων, *voilà,
c'est là l'homme sage*. Σώφρων,

dans le premier cas, est attribut; dans le second, ὁ σώφρων
est le vrai sujet.

3. Μάλιστα, *surtout*, se rapporte dans notre texte, qui est
celui de tous les mss., à διαφθειρομένων. Cicéron, au contraire,
rattache *maxime* à *liberis*, traduction de παίδων : l'ordre des mots
devait être un peu différent dans
le texte qu'il lisait.

4. Χρωμένους devait être nécessairement à l'accusatif, c'est-
à-dire s'accorder avec le sujet
sous-entendu de la proposition
infinitive, parce que ce sujet se
trouve employé au génitif dans
la proposition principale. Si, au
lieu de πατέρων καὶ μητέρων, il
y avait eu les datifs πατράσι καὶ
μητράσι, le participe aurait pu
rester au datif. Cf. *Gr.*, § 285,
Rem.

ρέως φέροντες τὰς συμφορὰς· κούφως δὲ καὶ μετρίως¹,
μάλιστ' ἂν χαρίζοιντο. Τὰ μὲν γὰρ ἡμέτερα τελευτὴν
ἤδη ἕξει, ἅπερ καλλίστη γίγνεται ἀνθρώποις, ὥστε
πρέπει αὐτὰ μᾶλλον κοσμεῖν ἢ θρηνεῖν· γυναικῶν δὲ
τῶν ἡμετέρων καὶ παίδων ἐπιμελούμενοι καὶ τρέφοντες
καὶ ἐνταῦθα τὸν νοῦν τρέποντες, τῆς τε τύχης μάλιστ'
ἂν εἶεν ἐν λήθῃ² καὶ ζῷεν κάλλιον καὶ ὀρθότερον καὶ D
ἡμῖν προσφιλέστερον.

Ταῦτα δὴ ἱκανὰ τοῖς ἡμετέροις παρ' ἡμῶν ἀγγέλ-
λειν· τῇ δὲ πόλει παρακελευοίμεθ' ἂν³, ὅπως ἡμῖν καὶ
πατέρων καὶ υἱέων ἐπιμελήσονται¹, τοὺς μὲν παιδεύον-
τες κοσμίως, τοὺς δὲ γηροτροφοῦντες ἀξίως· νῦν δὲ
ἴσμεν ὅτι, καὶ ἐὰν μὴ ἡμεῖς παρακελευώμεθα, ἱκανῶς
ἐπιμελήσεται. »

XXI. Péroraison du discours. L'État servira de père aux orphelins et assistera les parents des défunts.

Ταῦτα οὖν, ὦ παῖδες καὶ γονεῖς τῶν τελευτησάντων, ἐκεῖνοί τε ἐπέσκηπτον ἡμῖν ἀπαγγέλλειν, καὶ E
ἐγὼ ὡς δύναμαι προθυμότατα ἀπαγγέλλω· καὶ αὐτὸς
δέομαι ὑπὲρ ἐκείνων, τῶν μὲν⁵ μιμεῖσθαι τοὺς αὐτῶν,
τῶν δὲ θαρρεῖν ὑπὲρ αὐτῶν, ὡς ἡμῶν καὶ ἰδίᾳ καὶ δη-

1. Suppléez φέροντες à côté de ces adverbes.
2. Τῆς τύχης (euphémisme attique pour δυστυχίας) dépend de λήθη. Εἰμὶ ἐν λήθῃ équivaut à ἐπιλέλησμαι, parfait de ἐπιλανθάνομαι.
3. Παρακελευοίμεθ' ἂν. Remarquez le sens de cet optatif : *nous pourrions recommander*. Un manuscrit récent donne παρεκελευόμεθ' ἂν, et Stallbaum préfère cet irréel, parce que, *en réalité* (νῦν δέ), la recommandation n'a pas été faite. Mais c'est ici

une prétérition oratoire, plutôt que l'expression sérieuse d'une hypothèse, et l'*idée* que la recommandation serait toute naturelle est plus importante à faire ressortir que le *fait* de l'abstention réelle : d'où l'emploi de l'optatif.
4. Nous avons déjà vu plusieurs fois (cf. p. 43, note 6) le pluriel employé par syllepse après le singulier πόλις. Remarquez que l'écrivain revient au singulier à la fin de sa phrase.
5. Τῶν μέν renvoie à παῖδες; τῶν δέ à γονεῖς.

μοσίᾳ γηροτροφησόντων ὑμᾶς καὶ ἐπιμελησομένων, ὅπου ἂν ἕκαστος ἑκάστῳ ἐντυγχάνῃ ὁτῳοῦν τῶν ἐκείνων [1]. Τῆς δὲ πόλεως ἴστε που καὶ αὐτοὶ τὴν ἐπιμέλειαν, ὅτι νόμους θεμένη περὶ τοὺς τῶν ἐν τῷ πολέμῳ τελευτησάντων παῖδάς τε καὶ γεννήτορας ἐπιμελεῖται, καὶ διαφερόντως [2] τῶν ἄλλων πολιτῶν προστέτακται φυ-

249 λάττειν ἀρχῇ [3] ἥπερ μεγίστη ἐστίν, ὅπως ἂν οἱ τούτων
A μὴ ἀδικῶνται πατέρες τε καὶ μητέρες· τοὺς δὲ παῖδας συνεκτρέφει αὐτὴ, προθυμουμένη ὅτι μάλιστ᾽ [4] ἄδηλον αὐτοῖς τὴν ὀρφανίαν γενέσθαι, ἐν πατρὸς σχήματι καταστᾶσα αὐτοῖς αὐτὴ ἔτι τε παισὶν οὖσι, καὶ ἐπειδὰν εἰς ἀνδρὸς τέλος ἴωσιν [5], ἀποπέμπει [6] ἐπὶ τὰ σφέτερ᾽ αὐτῶν πανοπλίᾳ κοσμήσασα, ἐνδεικνυμένη καὶ ἀναμιμνήσκουσα τὰ τοῦ πατρὸς ἐπιτηδεύματα ὄργανα τῆς
B πατρῴας ἀρετῆς διδοῦσα [7], καὶ ἅμα οἰωνοῦ χάριν ἄρχεσθαι [8] ἰέναι ἐπὶ τὴν πατρῴαν ἑστίαν ἄρξοντα [9] μετ᾽

1. Τῶν ἐκείνων, suppléez παίδων τε καὶ γονέων. Ἐκείνων désigne les guerriers défunts; c'est un génitif possessif dépendant de τῶν (παίδων...), qui lui-même dépend de ἑκάστῳ, à titre de génitif partitif.

2. Διαφερόντως est construit avec le génitif, comme le serait le participe διαφέρων. Traduisez par au-dessus de, avant (au sens figuré).

3. Ἀρχῇ est employé ici au sens concret, pour ἄρχοντι, comme le prouvent les mots τῶν ἄλλων πολιτῶν avec lesquels il est en opposition. — Ce magistrat suprême est l'archonte éponyme.

4. Ὅτι ne sert qu'à renforcer μάλιστα : le plus possible.

5. Εἰς ἀνδρὸς τέλος ἴωσιν. Ailleurs (Lois, p. 923 c), Platon emploie dans le même sens l'expression εἰς ἄνδρας τελεῖν, être

rangé dans la classe des hommes faits. Cette signification peut dériver du sens d'accomplissement, ou de celui d'impôt, cens et par suite classe, qui sont des acceptions différentes du mot τέλος.

6. Ἀποπέμπει. Il y a ici une légère anacoluthe : à καταστᾶσα correspondrait mieux le participe ἀποπέμπουσα.

7. Ὄργανα διδοῦσα... est un complément circonstanciel de manière, expliquant les participes ἐνδεικνυμένη et ἀναμιμνήσκουσα.

8. Le participe διδοῦσα doit être répété devant ces infinitifs : lui accordant de commencer à aller...

9. L'orateur pense maintenant à ce que feront les fils des défunts, lorsque chacun sera rentré à son foyer paternel : d'où le singulier ἄρξοντα, après les plu-

ἰσχύος ὅπλοις κεκοσμημένον. Αὐτοὺς δὲ τοὺς τελευτήσαντας τιμῶσα οὐδέποτε ἐκλείπει, καθ' ἕκαστον ἐνιαυ-
τὸν αὐτὴ τὰ νομιζόμενα ποιοῦσα κοινῇ πᾶσιν, ἅπερ
ἰδίᾳ ἑκάστῳ [1] γίγνεται, πρὸς δὲ τούτοις ἀγῶνας γυμνι-
κοὺς καὶ ἱππικοὺς τιθεῖσα καὶ μουσικῆς πάσης, καὶ
ἀτεχνῶς τῶν μὲν τελευτησάντων ἐν κληρονόμου καὶ ὑέος
μοίρᾳ καθεστηκυῖα, τῶν δὲ ὑέων ἐν πατρός [2], γονέων C
δὲ καὶ τῶν τοιούτων ἐν ἐπιτρόπου, πᾶσαν πάντων παρὰ
πάντα [3] τὸν χρόνον ἐπιμέλειαν ποιουμένη. Ὧν χρὴ ἐνθυ-
μουμένους πρᾳότερον φέρειν τὴν ξυμφοράν· τοῖς τε γὰρ
τελευτήσασι καὶ τοῖς ζῶσιν οὕτως ἂν προσφιλέστατοι
εἶτε [4] καὶ ῥᾷστοι θεραπεύειν τε καὶ θεραπεύεσθαι [5]. Νῦν
δὲ ἤδη ὑμεῖς τε καὶ οἱ ἄλλοι πάντες κοινῇ κατὰ τὸν
νόμον τοὺς τετελευτηκότας ἀπολοφυράμενοι ἄπιτε.

XXII. Ménexène remercie Socrate, qui lui promet encore d'autres
discours aussi magnifiques, recueillis de la bouche d'Aspasie.

Οὗτός σοι ὁ λόγος [5], ὦ Μενέξενε, Ἀσπασίας τῆς
Μιλησίας ἐστίν.   D

MEN. Νὴ Δία, ὦ Σώκρατες, μακαρίαν γε λέγεις
τὴν Ἀσπασίαν, εἰ γυνὴ οὖ... τοιούτους λόγους οἷα τ'
ἐστὶ συντιθέναι.

ΣΩ. Ἀλλ' εἰ μὴ πιστεύεις, ἀκολούθει μετ' ἐμοῦ [7],
καὶ ἀκούσει αὐτῆς λεγούσης.

riels qui précèdent : αὐτοῖς
παισὶν οὖσι, etc. — Ἄρχω, actif,
= commander.

1. Ἰδίᾳ est opposé à κοινῇ,
et ἑκάστῳ à πᾶσιν.

2. Suppléez μοίρᾳ devant les
génitifs πατρός et ἐπιτρόπου.

3. Πᾶσαν πάντων παρὰ
πάντα... Une accumulation analogue s'est déjà rencontrée, p. 55,
ligne 21 : διὰ παντὸς πᾶσαν πάντως.

4. Εἶτε, seconde personne du
pluriel de l'optatif de εἰμί, forme
plus fréquente en attique que
εἴητε.

5. Ῥᾷστοι θεραπεύειν καὶ
θεραπεύεσθαι. Cf., pour cette
tournure personnelle, *Gr.*, § 288,
II.

6. Οὗτός σοι ὁ λόγος... ἐστίν : *Te voilà le discours, tu as
lu le discours.* Cf. p. 58, n. 2.

7. Ἀκολούθει μετ' ἐμοῦ ne

ΜΕΝ. Πολλάκις, ὦ Σώκρατες, ἐγὼ ἐντετύγηκα Ἀσπασίᾳ, καὶ οἶδα οἵα ἐστίν.

ΣΩ. Τί οὖν; οὐκ ἄγασαι αὐτὴν καὶ νῦν χάριν ἔχεις τοῦ λόγου αὐτῇ;

ΜΕΝ. Καὶ πολλήν γε, ὦ Σώκρατες, ἐγὼ χάριν ἔχω τούτου τοῦ λόγου ἐκείνῃ ἢ ἐκείνῳ, ὅστις σοι ὁ εἰπών E ἐστιν αὐτὸν [1]· καὶ πρός γε [2] ἄλλην πολλὴν χάριν ἔχω τῷ εἰπόντι.

ΣΩ. Εὖ ἂν ἔχοι· ἀλλ᾽ ὅπως [3] μου μὴ κατερεῖς [4], ἵνα καὶ αὖθίς σοι πολλοὺς καὶ καλοὺς λόγους παρ᾽ αὐτῆς πολιτικοὺς ἀπαγγέλλω.

ΜΕΝ. Θάρρει, οὐ κατερῶ· μόνον ἀπάγγελλε.

ΣΩ. Ἀλλὰ ταῦτ᾽ ἔσται.

dit rien de plus que ἀκολούθει μοι. Mais le complément des verbes ἕπεσθαι, ὁμιλεῖν, ἀκολουθεῖν, au lieu d'être simplement mis au datif, est souvent, par une sorte de redondance, construit au génitif avec μετά. Cf. p. 26, l. 4 : μετ᾽ ἐμοῦ ξένοι τινὲς ἕπονται. *Politique*, p. 272, c : μετά τε θηρίων καὶ μετ᾽ ἀλλήλων ὁμιλοῦντες.

1. Ὅστις σοι ὁ εἰπών ἐστιν αὐτόν : *quel que soit celui qui te l'a dit.* On voit que ὁ εἰπών est le vrai sujet; d'où l'emploi de l'article.

2. Πρός ici est adverbe et a le même sens, à lui seul, que l'expression πρὸς τούτῳ.

3. Pour le sens d'ὅπως suivi du futur, cf. *Gr.*, § 246.

4. Κατερῶ, dont le présent n'est pas usité, sert de futur à καταγορεύω, qui en revanche ne possède, dans la prose attique, que le présent et l'imparfait.

ΙΩΝ

ἢ περὶ Ἰλιάδος.

ΤΑ ΤΟΥ ΔΙΑΛΟΓΟΥ ΠΡΟΣΩΠΑ

ΣΩΚΡΑΤΗΣ, ΙΩΝ.

I. Socrate rencontre Ion et, apprenant qu'il vient d'être couronné aux jeux d'Épidaure, le félicite de la brillante profession qu'il exerce.

Éd. Estien. t. I, p. 53

ΣΩ. Τὸν Ἴωνα χαίρειν[1]. Πόθεν τὰ νῦν[2] ἡμῖν Α ἐπιδεδήμηκας[3]; ἢ οἴκοθεν ἐξ Ἐφέσου[4];

ΙΩΝ. Οὐδαμῶς, ὦ Σώκρατες, ἀλλ' ἐξ Ἐπιδαύρου ἐκ τῶν Ἀσκληπιείων[5].

ΣΩ. Μῶν καὶ ῥαψῳδῶν ἀγῶνα τιθέασι τῷ θεῷ οἱ Ἐπιδαύριοι;

---

1. **Τὸν Ἴωνα χαίρειν.** Suppléez, devant cette proposition infinitive, un verbe comme λέγω ou κελεύω. On trouve de même, en tête des lettres, l'infinitif χαίρειν dépendant de λέγει ou κελεύει non exprimé. XÉNOPHON, Cyr., IV, 5, 27 : Κῦρος Κυαξάρῃ χαίρειν. — Cet infinitif, ou l'impératif χαῖρε, étaient pour les Grecs les formules ordinaires de salutation.

2. **Τὰ νῦν** a le même sens que νῦν. Cf. Gr., § 163.

3. Le verbe ἐπιδημεῖν signifie proprement *demeurer dans son pays.* Mais, joint à des mots ex- primant l'idée de mouvement, il a pris le sens de *venir* ou *aller s'établir.*

4. **Ἢ οἴκοθεν ἐξ Ἐφέσου;** Voyez dans le *Ménexène*, p. 24, n. 1, la valeur du second membre interrogatif précédé de ἤ. Socrate, après avoir posé la question πόθεν..., se reprend : n'est-il pas évident que le rhapsode arrive d'Éphèse, son pays?

5. Épidaure était une ville d'Argolide, célèbre par le temple d'Esculape où le dieu rendait ses oracles. On y célébrait en son honneur des jeux magnifiques appelés μεγάλα Ἀσκληπίεια.

ΙΩΝ. Πάνυ γε, καὶ τῆς ἄλλης γε μουσικῆς[1].

ΣΩ. Τί οὖν; ἀγωνίζου τι ἡμῖν[2]; καὶ πῶς τι ἀγωνίσω;

ΙΩΝ. Τὰ πρῶτα τῶν ἄθλων ἠνεγκάμεθα, ὦ Σώκρατες.

B ΣΩ. Εὖ λέγεις· ἄγε δὴ ὅπως καὶ τὰ Παναθήναια[3] νικήσομεν[4].

ΙΩΝ. Ἀλλ' ἔσται ταῦτα, ἐὰν θεὸς ἐθέλῃ.

ΣΩ. Καὶ μὴν πολλάκις γε ἐζήλωσα ὑμᾶς τοὺς ῥαψῳδούς[5], ὦ Ἴων, τῆς τέχνης[6]. Τὸ[7] γὰρ ἅμα μὲν τὸ σῶμα κεκοσμῆσθαι ἀεὶ πρέπον ὑμῶν εἶναι τῇ τέχνῃ καὶ ὡς καλλίστους φαίνεσθαι[8], ἅμα δὲ ἀναγκαῖον εἶναι ἔν τε

---

1. Μουσικὴ s'applique à tous les beaux arts et aux arts libéraux, à tout ce qui se fait par l'inspiration ou sous le patronage des *Muses*.

2. Ἡμῖν, datif explétif (*Gr.*, § 171, II), donnant à la question de Socrate une nuance de familiarité sympathique.

3. Τὰ παναθήναια, grandes fêtes athéniennes en l'honneur de la déesse Athéna. On en distinguait de deux sortes : les plus solennelles, les grandes Panathénées, se célébraient tous les quatre ans. — Cet accusatif, à côté du verbe νικᾶν, est un accusatif de qualification. C'est comme s'il y avait : τὴν πανυθηναϊκὴν νίκην νικᾶν.

4. Pour l'explication du futur νικήσομεν, avec ὅπως, voyez *Gr.*, § 246. — Par cette première personne du pluriel, au lieu de la seconde du singulier, Socrate répond au pluriel ἠνεγκάμεθα, dans lequel Ion avait essayé de dissimuler sa vanité satisfaite. Mais le ton de Socrate, qui feint ainsi de faire cause commune avec

le rhapsode, est celui de la bonhomie la plus malicieuse.

5. Voyez dans l'*Introduction*, p. 14, la définition du rhapsode.

6. Τῆς τέχνης est un génitif de cause. Cf. *Gr.*, § 166, 3°.

7. Cet article τό se rattache à la fois aux deux infinitifs πρέπον εἶναι, ἀναγκαῖον εἶναι, qui sont opposés par ἅμα μὲν, ἅμα δέ, et qui forment ensemble le sujet de ζηλωτόν ἐστιν.

8. Construisez ainsi ce premier membre : Τὸ... εἶναι πρέπον τῇ τέχνῃ ὑμῶν ἀεὶ κεκοσμῆσθαι τὸ σῶμα (accus. de partie, *Gr.*, § 162) καὶ φαίνεσθαι ὡς καλλίστους... — L'accusatif καλλίστους sert d'attribut au sujet sous-entendu de φαίνεσθαι. Il nous est donné par un manuscrit de la Bibliothèque nationale, qu'on appelle le *Parisinus* 1812. Les autres manuscrits portent καλλίστοις, que l'on pourrait expliquer en regardant τῇ τέχνῃ ὑμῶν comme équivalant vaguement à ὑμῖν, mais qui est, on le comprend, beaucoup moins satisfaisant.

ἄλλοις [1] ποιηταῖς διατρίβειν πολλοῖς καὶ ἀγαθοῖς καὶ
δὴ καὶ μάλιστα ἐν Ὁμήρῳ, τῷ ἀρίστῳ καὶ θειοτάτῳ
τῶν ποιητῶν, καὶ τὴν τούτου διάνοιαν ἐκμανθάνειν, C
μὴ μόνον τὰ ἔπη, ζηλωτόν ἐστιν. Οὐ γὰρ ἂν γένοιτό
ποτε ῥαψῳδὸς [2], εἰ μὴ συνείη τὰ λεγόμενα ὑπὸ τοῦ ποιητοῦ. Τὸν γὰρ ῥαψῳδὸν ἑρμηνέα δεῖ τοῦ ποιητοῦ τῆς διανοίας γίγνεσθαι τοῖς ἀκούουσι· τοῦτο δὲ καλῶς ποιεῖν μὴ
γιγνώσκοντα [3] ὅ τι λέγει ὁ ποιητὴς ἀδύνατον. Ταῦτα
οὖν πάντα ἄξια ζηλοῦσθαι.

II. Ion déclarant qu'il est incapable d'expliquer toute poésie autre
que celle d'Homère, Socrate lui fait avouer que le même homme
peut toujours expliquer les mêmes choses, lorsqu'elles se trouvent également traitées par différents auteurs. Il précise alors
l'objet de la poésie homérique.

ΙΩΝ. Ἀληθῆ λέγεις, ὦ Σώκρατες· ἐμοὶ γοῦν τοῦτο
πλεῖστον ἔργον [4] παρέσχε τῆς τέχνης [5], καὶ οἶμαι
κάλλιστα ἀνθρώπων [6] λέγειν περὶ Ὁμήρου, ὡς οὔτε
Μητρόδωρος [7] ὁ Λαμψακηνὸς οὔτε Στησίμβροτος ὁ Θά- D

1. Ἔν τε ἄλλοις... καὶ μάλιστα ἐν Ὁμήρῳ. Cf., pour
l'explication de cette tournure,
Gr., § 351.
2. Le sujet ῥαψῳδός, sans article, est tout à fait indéter-
miné : un rhapsode ne pourrait être, il n'y aurait pas de
rhapsode... Il faut, de cette idée
générale, détacher l'idée plus
particulière ῥαψῳδός τις pour en
faire le sujet de συνείη.
3. Μὴ γιγνώσκοντα. Cet
accusatif se rapporte au sujet
sous-entendu de ποιεῖν. — La
négation μή montre bien que ce
participe a un sens conditionnel
= εἰ τις μὴ γιγνώσκει.
4. Ἔργον a ici le sens de
travail, peine.
5. Τῆς τέχνης dépend de
τοῦτο : cette partie de mon art.

6. Κάλλιστα ἀνθρώπων.
Cf. l'expression française le mieux
du monde.
7. Μητρόδωρος, κτλ... Mé-
trodore de Lampsaque et Stésimbrote de Thasos étaient des
sophistes qui cherchaient à appuyer sur Homère leurs doctrines philosophiques et morales.
Ils donnaient donc des vers du
poète une interprétation allégo-
rique. — Stésimbrote, le plus
connu des deux, était contemporain de Périclès. — Il ne faut
pas confondre le Métrodore ici
nommé avec un philosophe du
même nom, qui fut disciple d'É-
picure et mourut en 277. — Quant
à Glaucon, on n'a pu jusqu'ici l'i-
dentifier d'une manière certaine :
ce nom semble avoir été porté par

5

σιος οὔτε Γλαύκων οὔτε ἄλλος οὐδεὶς τῶν πώποτε γενο-
μένων ' ἔσχεν εἰπεῖν οὕτω πολλὰς καὶ καλὰς διανοίας
περὶ Ὁμήρου, ὅσας ἐγώ.

ΣΩ. Εὖ λέγεις, ὦ Ἴων· δῆλον γὰρ ὅτι οὐ φθονήσεις
μοι ἐπιδεῖξαι.

ΙΩΝ. Καὶ μὴν ἄξιον ἀκοῦσαι, ὦ Σώκρατες, ὡς εὖ
κεκόσμηκα τὸν Ὅμηρον ²· ὥστε οἶμαι ὑπὸ Ὁμηριδῶν ³
ἄξιος εἶναι χρυσῷ στεφάνῳ στεφανωθῆναι.

ΣΩ. Καὶ μὴν ἐγὼ ἔτι ' ποιήσομαι σχολὴν ⁵ ἀκροᾶσθαί
531 σου· νῦν δέ μοι τοσόνδε ἀπόκριναι· πότερον περὶ Ὁμή-
A ρουμόνον δεινὸς εἶ ἢ καὶ περὶ Ἡσιόδου καὶ Ἀρχιλόχου;

ΙΩΝ. Οὐδαμῶς, ἀλλὰ περὶ Ὁμήρου μόνον· ἱκανὸν
γάρ μοι δοκεῖ εἶναι.

ΣΩ. Ἔστι δὲ περὶ ὅτου Ὅμηρός τε καὶ Ἡσίοδος
ταὐτὰ ⁶ λέγετον;

ΙΩΝ. Οἶμαι ἔγωγε καὶ πολλά.

ΣΩ. Πότερον οὖν περὶ τούτων κάλλιον ἂν ἐξηγήσαιο ἃ Ὅμηρος λέγει ἢ ἃ Ἡσίοδος;

un grand nombre de personnages différents.

1. La phrase devrait régulière-ment s'arrêter ici, après γενο-μένων : la conjonction ὡς avait annoncé une comparaison, et la comparaison est maintenant terminée. Mais l'écrivain oublie le commencement de sa phrase, et fait du second terme de sa comparaison le sujet d'un nouveau verbe, ἔσχεν. Son oubli même est si complet qu'il re-commencera sa comparaison à la fin de la phrase, en ramenant le terme qui avait déjà été exprimé le premier : ὅσας ἐγώ. La lo-quacité du rhapsode, fait re-marquer Stallbaum, trouve son compte à cette apparente né-gligence de l'écrivain.

2. Κεκόσμηκα τὸν Ὅμηρον.

C'est par sa déclamation pom-peuse et par ses brillantes ex-plications que le rhapsode pense avoir atteint ce résultat.

3. Ὁμηριδῶν doit être pris ici au sens large du mot : il s'agit de tous ceux qui étudient et aiment Homère.

4. Ἔτι a ici le même sens que le latin aliquando, « un jour dans l'avenir ». Ce sens est fré-quent surtout chez les poètes· SOPHOCLE, Trachiniennes, 257 : διώμοσεν (τόνδε)... δουλώσειν ἔτι. Cf. Ajax, 607 ; Électre, 66, etc...

5. Ποιεῖσθαι σχολήν, litt. se faire le loisir, « prendre temps pour ». XÉNOPHON, Mém., II, 6, 4 : πρὸς οὐδὲν ἄλλο σχολὴν ποιεῖται.

6. Ταὐτά = τὰ αὐτά.

ΙΩΝ. Ὁμοίως ἂν [1] περί γε τούτων, ὦ Σώκρατες, περὶ ὧν ταῦτὰ λέγουσιν. .

ΣΩ. Τί δὲ, ὧν πέρι [2] μὴ ταῦτα λέγουσιν; οἷον περὶ μαντικῆς λέγει τι Ὅμηρός τε καὶ Ἡσίοδος.

ΙΩΝ. Πάνυ γε.

ΣΩ. Τί οὖν; ὅσα τε ὁμοίως καὶ ὅσα διαφόρως περὶ B μαντικῆς λέγετον τὼ ποιητὰ τούτω, πότερον σὺ κάλλιον ἂν ἐξηγήσαιο ἢ τῶν μάντεών τις τῶν ἀγαθῶν;

ΙΩΝ. Τῶν μάντεων [3].

ΣΩ. Εἰ δὲ σὺ ἦσθα μάντις, οὐκ [4], εἴπερ περὶ τῶν ὁμοίως λεγομένων οἷός τ' ἦσθα ἐξηγήσασθαι, καὶ περὶ τῶν διαφόρως λεγομένων ἠπίστω [5] ἂν ἐξηγεῖσθαι;

ΙΩΝ. Δῆλον ὅτι [6].

ΣΩ. Τί οὖν ποτε περὶ μὲν Ὁμήρου δεινὸς εἶ, περὶ C δὲ Ἡσιόδου οὔ, οὐδὲ τῶν ἄλλων ποιητῶν; ἢ Ὅμηρος περὶ ἄλλων τινῶν λέγει ἢ ὧνπερ [7] σύμπαντες οἱ ἄλλοι ποιηταί; Οὐ περὶ πολέμου τε τὰ πολλὰ διελήλυθε καὶ περὶ ὁμιλιῶν πρὸς ἀλλήλους ἀνθρώπων ἀγαθῶν τε καὶ κακῶν καὶ ἰδιωτῶν καὶ δημιουργῶν [8], καὶ περὶ θεῶν πρὸς ἀλλήλους καὶ πρὸς ἀνθρώπους ὁμιλούντων, ὡς ὁμιλοῦσι [9], καὶ περὶ τῶν οὐρανίων παθημά-

---

1. Ὁμοίως ἄν, suppléez ἐξηγησαίμην.

2. On accentue toujours ainsi πέρι quand il est placé après son régime, quand il y a, suivant l'expression des grammairiens, *anastrophe*. Il en est de même des autres propositions dissyllabiques.

3. Τῶν μάντεων, entendez : τῶν μάντεών τις κάλλιον ἂν ἐξηγήσαιτο.

4. La négation οὐκ tombe sur le verbe principal ἠπίστω ἄν.

5. Ἠπίστω, seconde personne de ἠπιστάμην, imparfait de ἐπίσταμαι.

6. On sait que δῆλον ὅτι a fini par s'employer absolument, à la façon d'un simple adverbe.

7. Ὧνπερ, tournure concise, mais très claire, équivalant à περὶ τούτων περὶ ὧνπερ, construction affreusement lourde que les Grecs n'emploient jamais.

8. L'opposition de δημιουργῶν et de πολιτῶν semble montrer que δημιουργός est pris ici dans son sens étymologique, *qui travaille pour le public, personnage officiel*.

9. Ὡς ὁμιλοῦσι, explication assez inutile, que plusieurs éditeurs regardent comme une interpolation.

τῶν ¹ καὶ περὶ τῶν ἐν Ἅιδου, καὶ γενέσεις ² καὶ θεῶν
D καὶ ἡρώων; οὐ ταυτά ἐστι περὶ ὧν Ὅμηρος τὴν ποίησιν
πεποίηκεν;

ΙΩΝ. Ἀληθῆ λέγεις, ὦ Σώκρατες.

III. Par conséquent, Ion. s'il possède un art véritable, doit
pouvoir expliquer les autres poètes aussi bien qu'Homère, au
moins quand ils traitent les mêmes sujets.

ΣΩ. Τί δὲ; οἱ ἄλλοι ποιηταὶ οὐ περὶ τῶν αὐτῶν
τούτων;

ΙΩΝ. Ναί, ἀλλ', ὦ Σώκρατες, οὐχ ὁμοίως πεποιή-
κασι καὶ Ὅμηρος ³.

ΣΩ. Τί μὴν; κάκιον;

ΙΩΝ. Καὶ πολύ γε.

ΣΩ. Ὅμηρος δὲ ἄμεινον;

ΙΩΝ. Ἄμεινον μέντοι νὴ Δία.

ΣΩ. Οὐκοῦν, ὦ φίλη κεφαλὴ Ἴων ⁴, ὅταν περὶ ἀριθ-
μοῦ πολλῶν λεγόντων εἷς τις ἄριστα λέγῃ, γνώσεται δήπου τις τὸν εὖ λέγοντα;

ΙΩΝ. Φημί.

E ΣΩ. Πότερον οὖν ὁ αὐτὸς, ὅσπερ καὶ τοὺς κακῶς
λέγοντας, ἢ ἄλλος;

1. Πάθημα signifie proprement tout ce que l'on ressent;
d'où tout ce qui arrive, phénomène.
2. Γενέσεις. Remarquez le
changement de construction.
L'écrivain avait d'abord traité
διελήλυθε comme un verbe intransitif = discourir; d'où la
construction de ce verbe avec
περί et le génitif. Il en fait
maintenant un verbe transitif
= parcourir jusqu'au bout, exposer en détail; d'où l'accusatif
γενέσεις.
3. Ὁμοίως...καὶ Ὅμηρος.

Voyez, pour cette construction,
Gr., § 274, Rem. Deux au-
tres constructions s'offraient à
l'écrivain : il pouvait employer
ὥσπερ, au lieu de καί (cf., quelques lignes plus bas, ὁ αὐτὸς
ὅσπερ...), ou bien mettre le substantif au datif, sans aucune conjonction (Gr., § 170).
4. ὮΩ φίλη κεφαλὴ Ἴων,
expression plaisante, imitée de
l'homérique Τεῦκρε, φίλη κεφαλή
(Iliade, 281). On trouve ainsi
dans Phèdre, p. 264 a : Φαῖδρε
φίλη κεφαλή; Gorgias, p. 513 c :
ὦ φίλη κεφαλή.

ΙΩΝ. Ὁ αὐτὸς δήπου.

ΣΩ. Οὐκοῦν ὁ τὴν ἀριθμητικὴν τέχνην ἔχων οὗτός ἐστιν;

ΙΩΝ. Ναί.

ΣΩ. Τί δ'; ὅταν πολλῶν λεγόντων περὶ ὑγιεινῶν σιτίων, ὁποῖά ἐστιν, εἷς τις ἄριστα λέγῃ, πότερον ἕτερος μέν τις τὸν ἄριστα λέγοντα γνώσεται ' ὅτι ἄριστα λέγει, ἕτερος δὲ τὸν κάκιον ὅτι κάκιον, ἢ ὁ αὐτός;

ΙΩΝ. Δῆλον δήπου, ὁ αὐτός.

ΣΩ. Τίς οὗτος; τί ὄνομα αὐτῷ;

ΙΩΝ. Ἰατρός².

ΣΩ. Οὐκοῦν ἐν κεφαλαίῳ³ λέγωμεν¹, ὡς ὁ αὐτὸς γνώσεται ἀεὶ, περὶ τῶν αὐτῶν πολλῶν λεγόντων, ὅστις τε εὖ λέγει καὶ ὅστις κακῶς· ἢ εἰ μὴ γνώσεται τὸν κα- 532 κῶς λέγοντα, δῆλον ὅτι οὐδὲ τὸν εὖ⁵, περί γε τοῦ αὐ- A τοῦ.

ΙΩΝ. Οὕτως.

ΣΩ. Οὐκοῦν ὁ αὐτὸς γίγνεται δεινὸς περὶ ἀμφο-τέρων;

ΙΩΝ. Ναί.

ΣΩ. Οὐκοῦν σὺ φὴς καὶ Ὅμηρον καὶ τοὺς ἄλλους ποιητάς, ἐν οἷς καὶ Ἡσίοδος καὶ Ἀρχίλοχός ἐστι, περὶ

---

1. Il y a ici *anticipation,* dans la proposition principale, du sujet de la proposition subor-donnée (*Gr.*, § 250). La même figure sera employée dans le se-cond membre interrogatif; mais ce second membre renferme de plus une double ellipse, celle de λέγοντα à côté du premier κάκιον, celle de λέγει devant le second.

2. On voit bien maintenant le procédé habituel de Socrate quand il veut convaincre son adversaire. Il le fait raisonner sur des objets différents de celui dont il est question, tire de ces raisonnements une proposition générale, puis, appliquant cette proposition générale au sujet particulier de la discussion, oblige son interlocuteur à dire le contraire de ce qu'il avait d'abord soutenu.

3. Ἐν κεφαλαίῳ, en *résumé,* d'une *manière générale.*

4. Λέγωμεν est un subjonctif délibératif. cf. *Gr.*, § 232.

5. Entendez : οὐδὲ τὸν εὖ λέ-γοντα γνώσεται.

γε τῶν αὐτῶν λέγειν, ἀλλ᾽ οὐχ ὁμοίως, ἀλλὰ τὸν μὲν
εὖ, τοὺς δὲ χεῖρον;

ΙΩΝ. Καὶ ἀληθῆ λέγω¹.

ΣΩ. Οὐκοῦν, εἴπερ τὸν εὖ λέγοντα γιγνώσκεις, καὶ
B τοὺς χεῖρον λέγοντας γιγνώσκοις ἂν² ὅτι χεῖρον λέγουσιν.

ΙΩΝ. Ἔοικέ γε.

ΣΩ. Οὐκοῦν, ὦ βέλτιστε, ὁμοίως³ τὸν Ἴωνα λέγοντες περὶ Ὁμήρου τε δεινὸν εἶναι καὶ περὶ τῶν ἄλλων
ποιητῶν οὐχ ἁμαρτησόμεθα, ἐπειδή γε αὐτὸς ὁμολογεῖ
τὸν αὐτὸν ἔσεσθαι κριτὴν ἱκανὸν πάντων, ὅσοι ἂν περὶ
τῶν αὐτῶν λέγωσι, τοὺς δὲ ποιητὰς σχεδὸν ἅπαντας τὰ
αὐτὰ ποιεῖν.

IV. Ion affirmant de nouveau qu'il est insensible à toute poésie
autre que celle d'Homère, Socrate en conclut que l'art et la
science ne sont pour rien dans la facilité avec laquelle il interprète Homère. Ion lui demande alors d'où vient ce talent.

ΙΩΝ. Τί οὖν ποτε τὸ αἴτιον, ὦ Σώκρατες, ὅτι
C ἐγὼ, ὅταν μέν τις περὶ ἄλλου του ποιητοῦ διαλέγηται,
οὔτε προσέχω τὸν νοῦν ἀδυνατῶ τε⁴ καὶ ὁτιοῦν συμ-
βαλέσθαι⁵ λόγου ἄξιον, ἀλλ᾽ ἀτεχνῶς νυστάζω, ἐπειδὰν δέ τις περὶ Ὁμήρου μνησθῇ, εὐθύς τε ἐγρήγορα⁶
καὶ προσέχω τὸν νοῦν καὶ εὐπορῶ ὅ τι λέγω⁷;

1. Ion ne voit pas encore où
Socrate va le mener : il confirme ses premières déclarations,
et assure ainsi, dans la main de
Socrate, les armes qui vont servir
contre lui.

2. Γιγνώσκοις ἄν. C'est le
potentiel au sens précis du mot.
Cf. Gr., § 225.

3. Rattachez ὁμοίως à δεινὸν
εἶναι.

4. Οὔτε προσέχω... ἀδυνα-
τῶ τε. Voyez, pour une construction semblable, Ménexène,

p. 55, n. 8.

5. Συμβαλέσθαι, rapprocher
en soi par la pensée, d'où dé-
velopper logiquement, expliquer.

6. Ἐγρήγορα. On sent com-
bien l'emploi du parfait aug-
mente la vivacité de l'expression :
me voilà aussitôt éveillé.

7. Ὅ τι λέγω dépend de l'intransitif εὐπορῶ comme le ferait
un accusatif de relation : litt.,
j'abonde en choses à dire. — Λέγω
est un subjonctif délibératif
(Gr., § 282 et 211, Rem. II).

ΣΩ. Οὐ χαλεπὸν τοῦτό γε εἰκάσαι, ὦ ἑταῖρε, ἀλλὰ παντὶ δῆλον ὅτι τέχνη καὶ ἐπιστήμη[1] περὶ Ὁμήρου λέγειν ἀδύνατος εἶ· εἰ γὰρ τέχνῃ οἷός τε ἦσθα, καὶ περὶ τῶν ἄλλων ποιητῶν ἁπάντων λέγειν οἷός τ' ἂν ἦσθα· ποιητικὴ γάρ πού ἐστι τὸ ὅλον[2]. Ἢ οὔ;

ΙΩΝ. Ναί.

ΣΩ. Οὐκοῦν ἐπειδὰν λάβῃ τις καὶ ἄλλην τέχνην ἡν- D τινοῦν ὅλην, ὁ αὐτὸς τρόπος τῆς σκέψεώς[3] ἐστι περὶ ἁπασῶν τῶν τεχνῶν; πῶς τοῦτο λέγω[4], δέει[5] τί μου ἀκοῦσαι, ὦ Ἴων;

ΙΩΝ. Ναὶ μὰ τὸν Δί', ὦ Σώκρατες, ἔγωγε· χαίρω γὰρ ἀκούων ὑμῶν τῶν σοφῶν.

ΣΩ. Βουλοίμην ἄν σε ἀληθῆ λέγειν, ὦ Ἴων· ἀλλὰ σοφοὶ μέν πού ἐστε ὑμεῖς οἱ ῥαψῳδοὶ καὶ ὑποκριταὶ[6] καὶ ὧν ὑμεῖς ᾄδετε τὰ ποιήματα, ἐγὼ δὲ οὐδὲν ἄλλο

1. **Τέχνη καὶ ἐπιστήμη**, *arte et doctrina*. Τέχνη, c'est la *méthode*; ἐπιστήμη, les *connaissances* acquises par l'étude : la *science*.

2. **Ποιητικὴ γάρ πού ἐστι τὸ ὅλον**. Τὸ ὅλον est un accusatif adverbial (*Gr.*, § 163), se rattachant à l'attribut sous-entendu de ποιητική, τέχνη τις ou simplement τι. Il faut traduire : « La poétique, n'est-ce pas, est quelque chose à prendre en général, c'est-à-dire quelque chose qui repose sur des principes généraux et qui est d'une application universelle. » Nous retrouverons quelques lignes plus loin cet emploi de τὸ ὅλον (cf. p.72, l.6.); nous lisons également dans le *Ménon*, 79 c : εἰρηκὼς ὅ τι ἀρετή ἐστι τὸ ὅλον. — Voici la suite du raisonnement : la poétique, comme tous les arts, est par un certain côté universelle. Celui qui prend, dans un art, les princi-pes universels peut en faire l'application à toutes les manifestations de cet art. Par conséquent, si l'on est capable d'expliquer scientifiquement un poète, on doit être en état d'expliquer également les autres; sans quoi, la connaissance qu'on a de l'un d'eux n'est pas scientifique.

3. **Τρόπος τῆς σκέψεως**, *manière de considérer*, « point de vue ».

4. **Λέγω** a ici un sens assez fort : *je veux dire*, j'entends.

5. **Δέει**, seconde personne de δέομαι.

6. Quelques manuscrits répètent l'article devant ὑποκριταί. Mais l'examen d'autres passages, particulièrement p. 536 A, a fait donner raison à ceux qui ne présentent pas l'article, et font ainsi de ῥαψῳδοί et de ὑποκριταί une double désignation des mêmes personnes.

Ε ἢ τἀληθῆ λέγω, οἷον εἰκὸς ἰδιώτην ἄνθρωπον [1]. Ἐπεὶ [2] καὶ περὶ τούτου οὗ νῦν ἠρόμην σε, θέασαι ὡς φαῦλον καὶ ἰδιωτικόν [3] ἐστι καὶ παντὸς ἀνδρὸς γνῶναι ὃ ἔλεγον, τὴν αὐτὴν εἶναι σκέψιν, ἐπειδάν τις ὅλην τέχνην λάβῃ. Λάβωμεν γὰρ τῷ λόγῳ [4]· γραφικὴ γάρ τίς ἐστι τέχνη τὸ ὅλον [5];

ΙΩΝ. Ναί.

ΣΩ. Οὐκοῦν καὶ γραφεῖς πολλοὶ καὶ εἰσὶ καὶ γεγόνασιν ἀγαθοὶ καὶ φαῦλοι; ·

ΙΩΝ. Πάνυ γε.

ΣΩ. Ἤδη οὖν τινα εἶδες, ὅστις περὶ μὲν Πολυγνώτου [6] τοῦ Ἀγλαοφῶντος δεινός ἐστιν ἀποφαίνειν, ἃ εὖ τε γράφει καὶ ἃ μή, περὶ δὲ τῶν ἄλλων γραφέων ἀδύ-
533 νατος; καὶ ἐπειδὰν μέν [7] τις τὰ τῶν ἄλλων ζωγράφων
Α ἔργα ἐπιδεικνύῃ, νυστάζει τε καὶ ἀπορεῖ καὶ οὐκ ἔχει ὅ τι συμβάληται [8]. Ἐπειδὰν δὲ περὶ Πολυγνώτου ἢ ἄλ-

1. **Ἰδιώτην ἄνθρωπον**, dans l'ordre de la science, est un homme non initié, un *profane*. — Remarquez l'ironie malicieuse de cette protestation de Socrate : il oppose les *savants* comme Ion aux *ignorants* qui ne savent dire que *la vérité*, comme lui. Les bons manuscrits, et particulièrement le *Venetus T*, que nous prenons pour base, ont ainsi τἀληθῆ. En remplaçant ce mot par εὐήθη, que ne donne aucun manuscrit, Schanz, qui pourtant suit d'ordinaire le *Venetus T*, enlève à la modestie ironique de Socrate tout ce qu'elle a de piquant.

2. **Ἐπεί**, employé comme liaison, perd quelque peu de sa force; traduisez simplement par *car*.

3. **Ἰδιωτικόν** rappelle l'expression ἰδιώτην ἄνθρωπον, que nous venons de lire.

4. **Λαβεῖν τῷ λόγῳ**, *prendre par le raisonnement, appliquer le* raisonnement à quelque chose.

5. **Τὸ ὅλον.** Cf. p. 71, note 2.

6. Fils du peintre Aglaophon, **Polygnote** fut lui-même un peintre très célèbre. Né à Thasos vers 499, mort vers 426, il fut employé par Cimon à la décoration du Pœcile, mais s'illustra surtout par des peintures murales dans le temple de Delphes.

7. **Ἐπειδὰν μέν...** La phrase qui commence ici est interrogative, et cette interrogation porte sur l'*ensemble* des deux membres distingués par ἐπειδὰν μέν... ἐπειδὰν δέ. Ce que Socrate demande à Ion, ce n'est pas si *chacune* de ces deux manifestations se produit, mais si on les voit se produire *toutes deux* dans un même sujet. Il y aura, dans la suite, plusieurs phrases construites de la même façon.

8. **Συμβάληται**, et, un peu

λου ὅτου ¹ βούλει τῶν γραφέων ἑνὸς μόνου ² δέῃ ἀπο-
φήνασθαι γνώμην, ἐγρήγορέ τε καὶ προσέχει τὸν νοῦν καὶ
εὐπορεῖ ὅ τι εἴπῃ ³ ;

ΙΩΝ. Οὐ μὰ τὸν Δία, οὐ δῆτα.

ΣΩ. Τί δὲ ; ἐν ἀνδριαντοποιίᾳ ἤδη τιν᾽ εἶδες, ὅστις
περὶ μὲν Δαιδάλου ¹ τοῦ Μητίονος ἢ Ἐπειοῦ τοῦ
Πανοπέως ἢ Θεοδώρου τοῦ Σαμίου ἢ ἄλλου τινὸς ἀν- B
δριαντοποιοῦ ἑνὸς πέρι ⁵ δεινός ἐστιν ἐξηγεῖσθαι ἃ εὖ
πεποίηκεν, ἐν δὲ τοῖς τῶν ἄλλων ἀνδριαντοποιῶν ἔργοις
ἀπορεῖ τε καὶ νυστάζει, οὐκ ἔχων ὅ τι εἴπῃ ;

ΙΩΝ. Οὐ μὰ τὸν Δία, οὐδὲ τοῦτον ἑώρακα.

ΣΩ. Ἀλλὰ μήν, ὥς γ᾽ ἐγὼ οἶμαι, οὐδ᾽ ἐν αὐλήσει
γε οὐδὲ ἐν κιθαρίσει οὐδὲ ἐν κιθαρῳδίᾳ οὐδὲ ἐν ῥαψῳ-
δίᾳ οὐδεπώποτ᾽ εἶδες ἄνδρα, ὅστις περὶ μὲν Ὀλύμ-
που ⁶ δεινός ἐστιν ἐξηγεῖσθαι ἢ περὶ Θαμύρου ἢ περὶ C
Ὀρφέως ἢ περὶ Φημίου τοῦ Ἰθακησίου ῥαψῳδοῦ, περὶ

plus bas, **εἴπῃ**, sont des sub-
jonctifs délibératifs (*Gr.*, § 232
et 241, Rem. II), transportés à la
troisième personne à cause du
style indirect.

1. "Ὅτου est au génitif, par
l'attraction de ἄλλου. Logiquement, c'est l'accusatif qu'on attendrait; mais l'attraction est de
beaucoup la construction la plus
usuelle.

2. Rattachez **ἑνὸς μόνου** à
Πολυγνώτου et à ἄλλου ὅτου.

3. **Εὐπορεῖ ὅ τι εἴπῃ**. C'est
la répétition, à la troisième personne, de la parole d'Ion : εὐπορῶ ὅ τι λέγω, p. 70, n. 7.

4. **Dédale**, fils de Métion,
personnage mythologique per-
sonnifiant les premiers progrès
de la sculpture. C'est lui qui,
renfermé par Minos dans le la-
byrinthe qu'il avait construit, se
fabriqua des ailes pour pouvoir
s'échapper. — **Epeios** est le
constructeur légendaire du cheval de Troie. VIRG., *Énéide*, II,
264 : *ipse doli fabricator Epeos.*
— **Théodore** de Samos, mieux
connu, vivait à la fin du septième siècle ; il passait pour avoir
inventé l'art de couler le bronze
autour d'un royau d'argile.

5. Voyez, pour cette accentuation et cette construction de
πέρι, p. 67, n. 2.

6. "Ὄλυμπος, célèbre musicien d'origine phrygienne, vivait
au septième siècle. Il créa une
espèce de mode musical auquel
ARISTOPHANE fait allusion
dans les *Chevaliers*, 9 : ξυναυλίαν
κλαύσωμεν, Οὐλύμπου νόμον. —
Thamyras, ou Thamyris,
Orphée et **Phémios** sont des
aèdes de l'époque préhomérique.
Il est question du premier dans
l'*Iliade*, et du dernier dans l'*O-
dyssée.*

δὲ Ἴωνος τοῦ Ἐφεσίου ἀπορεῖ καὶ οὐκ ἔχει συμβάλλεσθαι[1], ἅ τε εὖ ῥαψῳδεῖ καὶ ἃ μή.

ΙΩΝ. Οὐκ ἔχω σοι περὶ τούτου ἀντιλέγειν, ὦ Σώκρατες· ἀλλ' ἐκεῖνο ἐμαυτῷ σύνοιδα[2], ὅτι περὶ Ὁμήρου κάλλιστ' ἀνθρώπων λέγω καὶ εὐπορῶ καὶ οἱ ἄλλοι πάντες μέ φασιν εὖ λέγειν, περὶ δὲ τῶν ἄλλων οὔ. Καίτοι ὅρα τοῦτο τί ἐστιν.

V. Théorie de Socrate : les poètes ne sont que les instruments inconscients de la divinité qui les inspire.

ΣΩ. Καὶ ὁρῶ, ὦ Ἴων, καὶ ἔρχομαι γέ σοι ἀπο-
D φανούμενος, ὅ μοι δοκεῖ τοῦτο εἶναι. Ἔστι γὰρ τοῦτο τέχνη μὲν οὔ, τὸ παρόν σοι[3] περὶ Ὁμήρου εὖ λέγειν, ὃ νῦν δὴ ἔλεγον, θεία δὲ δύναμις, ἥ σε κινεῖ, ὥσπερ[4] ἐν τῇ λίθῳ, ἣν Εὐριπίδης μὲν Μαγνῆτιν ὠνόμασεν[5], οἱ δὲ πολλοὶ Ἡρακλείαν. Καὶ γὰρ αὕτη ἡ λίθος οὐ μόνον αὐτοὺς τοὺς δακτυλίους ἄγει τοὺς σιδηροῦς, ἀλλὰ καὶ δύναμιν ἐντίθησι τοῖς δακτυλίοις, ὥστε δύνασθαι[6]
E ταὐτὸν τοῦτο ποιεῖν ὅπερ ἡ λίθος, ἄλλους ἄγειν δακτυλίους, ὥστ' ἐνίοτε ὁρμαθὸς μακρὸς πάνυ σιδηρῶν δακτυλίων ἐξ ἀλλήλων ἤρτηται· πᾶσι δὲ τούτοις ἐξ ἐκείνης τῆς λίθου ἡ δύναμις ἀνήρτηται[7]. Οὕτω δὲ καὶ

1. Συμβάλλεσθαι, cf. p. 70, n. 5.
2. Ἐμαυτῷ σύνοιδα correspond exactement au latin *mihi conscius sum*.
3. Τὸ παρόν σοι... *cette faculté que tu as*, est une apposition explicative à τοῦτο. Nous adoptons ici la conjecture de Stallbaum; les mss. n'offrent qu'une leçon inintelligible.
4. Suppléez γίγνεται, ou quelque verbe analogue : *ainsi qu'il arrive*.
5. Il s'agit de l'aimant, nommé

pierre de Magnésie ou pierre d'Héraclée parce qu'on le trouvait en grande quantité dans le voisinage de ces deux villes, situées l'une en Lydie, l'autre en Bithynie.
6. Le sujet de cet infinitif δύνασθαι est τοὺς δακτυλίους ; c'est presque une règle de sous-entendre le sujet de la proposition infinitive, toutes les fois que la clarté le permet. Nous en avons déjà vu de nombreux exemples. Cf. p. 64, n. 8 ; p. 65, n. 3, etc.
7. Ἀνήρτηται. Remarquez

ἡ Μοῦσα ἐνθέους μὲν ποιεῖ αὐτὴ, διὰ δὲ τῶν ἐνθέων
τούτων ἄλλων ἐνθουσιαζόντων ὁρμαθὸς ἐξαρτᾶται [1].
Πάντες γὰρ οἵ τε τῶν ἐπῶν [2] ποιηταὶ οἱ ἀγαθοὶ οὐκ ἐκ
τέχνης ἀλλ' ἔνθεοι ὄντες καὶ κατεχόμενοι [3] πάντα
ταῦτα τὰ καλὰ λέγουσι ποιήματα, καὶ οἱ μελοποιοὶ
οἱ ἀγαθοὶ ὡσαύτως, ὥσπερ οἱ κορυβαντιῶντες [4] οὐκ ἔμ- 534
φρονες ὄντες ὀρχοῦνται, οὕτω καὶ οἱ μελοποιοὶ [5] οὐκ Α
ἔμφρονες ὄντες τὰ καλὰ μέλη ταῦτα ποιοῦσιν, ἀλλ'
ἐπειδὰν ἐμβῶσιν εἰς τὴν ἁρμονίαν καὶ εἰς τὸν ῥυθμὸν,
βακχεύουσι [6] καὶ κατεχόμενοι, ὥσπερ αἱ βάκχαι ἀρύτονται ἐκ τῶν ποταμῶν μέλι καὶ γάλα [7] κατεχόμεναι,
ἔμφρονες δὲ οὖσαι οὔ [8], καὶ τῶν μελοποιῶν ἡ ψυχὴ
τοῦτο ἐργάζεται, ὅπερ αὐτοὶ λέγουσι. Λέγουσι γὰρ

la nuance délicate exprimée par la préposition ἀνά : pour trouver le principe de la vertu qu'ont en pareil cas ces anneaux, il faut *remonter* (tel est le sens d'ἀνά) jusqu'à l'aimant auquel ils sont plus ou moins immédiatement suspendus.

1. 'Ἐξαρτᾶται, suppléez ἐκ τῆς Μούσης. — Ἄλλων ἐνθου-σιαζόντων dépend de ὁρμαθός.

2. 'Ἐπῶν. Pour comprendre le sens de ce mot, rapprochez-le de l'adjectif *épique,* qui en est dé-rivé.

3. Κατέχεσθαι est le mot ordinairement employé pour ex-primer la *possession* religieuse. ΧΕΝΟΡΗΟΝ, *Banquet,* I, 10 : Οἱ ἐκ θεῶν του κατεχόμενοι.

4. On appelait *Corybantes* les prêtres phrygiens de Cybèle, qui célébraient par des danses et des chants désordonnés les mystères de leur déesse. D'où le verbe κορυβαντιᾶν, qui sert à exprimer ces transports.

5. Μελοποιοί, ici et deux li-gnes plus haut, désigne les au-teurs de poèmes destinés à être chantés, les *poètes lyriques.* — Remarquez les différentes com-paraisons qui se succèdent dans cette phrase : le même terme est répété deux fois, ou comparé successivement à des objets dif-férents. Nous avons déjà vu (cf. p. 66, n. 1) une semblable construction de phrase.

6. Après avoir été rapprochée du transport des Corybantes, voilà l'inspiration poétique com-parée au délire des *Bacchantes,* appelées aussi *Ménades.*

7. EURIPIDE fait allusion à la même légende, dans ses *Bac-chantes,* v. 142 : Ῥεῖ δὲ γάλακτι πέδον, ῥεῖ δ' οἴνῳ, ῥεῖ δὲ μελισ-σᾶν νέκταρι; et vv. 706-710, où il parle également du *vin,* du *lait* et du *miel* qui jaillissaient sous les pas des Bacchantes.

8. Ἔμφρονες δὲ οὖσαι est opposé à κατεχόμεναι, et la né-gation οὔ répond seule à toute la proposition principale qui pré-cède : suppléez donc ἀρύτονται ἐκ τῶν ποταμῶν, κτλ.

δήπουθεν πρὸς ἡμᾶς οἱ ποιηταὶ, ὅτι « ἀπὸ κρηνῶν
B μελιρρύτων ¹ ἐκ Μουσῶν κήπων τινῶν καὶ ναπῶν δρε-
πόμενοι τὰ μέλη ἡμῖν φέρουσιν ὥσπερ αἱ μέλιτται, καὶ
αὐτοὶ οὕτω πετόμενοι »· καὶ ἀληθῆ λέγουσι· κοῦφον
γὰρ χρῆμα ² ποιητής ἐστι καὶ πτηνὸν καὶ ἱερὸν, καὶ
οὐ πρότερον ³ οἷός τε ποιεῖν, πρὶν ἂν ἔνθεός τε γένηται
καὶ ἔκφρων καὶ ὁ νοῦς μηκέτι ἐν αὐτῷ ἐνῇ· ἕως δ' ἂν
τουτὶ ἔχῃ τὸ κτῆμα, ἀδύνατος πᾶς ποιεῖν ⁴ ἐστὶν
ἄνθρωπος καὶ χρησμῳδεῖν.

Ἅτε οὖν οὐ τέχνῃ ⁵ ποιοῦντες καὶ πολλὰ λέγοντες ⁶
καὶ καλὰ περὶ τῶν πραγμάτων, ὥσπερ σὺ περὶ Ὁμή-
C ρου, ἀλλὰ θείᾳ μοίρᾳ, τοῦτο μόνον οἷός τε ἕκαστος
ποιεῖν καλῶς, ἐφ' ὃ ἡ Μοῦσα αὐτὸν ὥρμησεν, ὁ μὲν
διθυράμβους ⁷, ὁ δὲ ἐγκώμια, ὁ δὲ ὑπορχήματα, ὁ δ'
ἔπη, ὁ δ' ἰάμβους· τὰ δ' ἄλλα ⁸ φαῦλος αὐτῶν ἕκαστός
ἐστιν. Οὐ γὰρ τέχνῃ ταῦτα λέγουσιν, ἀλλὰ θείᾳ δυνά-

1. **Μελιρρύτων**, *qui laisse
couler le miel*, est une expression
poétique.
2. Il n'est pas rare de trouver
ainsi χρῆμα employé comme
terme générique en parlant des
animaux ou de l'homme. XÉNO-
PHON, *Cyrop.*, 1,4,8 : Καταβάλλει
τὴν ἔλαφον, καλόν τι χρῆμα καὶ
μέγα. THÉOCRITE, 15,83 : σοφόν
τι χρῆμ' ἄνθρωπος.
3. **Πρότερον** est employé par
pléonasme dans la proposition
principale. Cf. *Gr.*, § 278, Rem.
4. **Ποιεῖν**, employé absolument, garde toute la force de sa
signification = *composer*, spécialement *des vers*. C'est de ce
sens que dérive celui du substantif ποιητής.
5. **Τέχνῃ** est opposé à ἀλλὰ
θείᾳ μοίρᾳ, deux lignes plus bas.
C'est sur ce mot que porte spécialement la négation.
6. Les participes ποιοῦντες et

λέγοντες sont des appositions au
sujet singulier ἕκαστος. Cette
construction, grammaticalement
irrégulière, s'explique très bien
logiquement : l'écrivain pense
d'abord à tous les poètes, d'où
le pluriel; puis à l'objet propre
auquel *chacun* s'applique, d'où
le singulier. Cf., pour une syllepse semblable, *Ménexène*, p. 60,
n. 9.
7. Socrate énumère ici différents genres poétiques : les *di-
thyrambes* étaient, au moins primitivement, des chants en l'honneur de Bacchus ; les *éloges*, en
l'honneur des dieux ou des hommes, étaient destinés à être
chantés dans les festins ; les *hy-
porchèmes* étaient des chants mê-
lés de danse. Par les mots ἔπη
et ἰάμβους, entendez la poésie
épique et la poésie dramatique.
8. **Τὰ δ' ἄλλα** est un accusatif adverbial (*Gr.*, § 163.)

μει, ἐπεί, εἰ περὶ ἑνὸς τέχνῃ καλῶς ἠπίσταντο λέγειν, κἂν[1] περὶ τῶν ἄλλων ἁπάντων· διὰ ταῦτα[2] δὲ ὁ Θεὸς ἐξαιρούμενος τούτων τὸν νοῦν τούτοις χρῆται ὑπηρέταις[3] καὶ τοῖς χρησμῳδοῖς καὶ τοῖς μάντεσι τοῖς D θείοις, ἵνα ἡμεῖς οἱ ἀκούοντες εἰδῶμεν ὅτι οὐχ οὗτοί εἰσιν οἱ ταῦτα λέγοντες[4] οὕτω πολλοῦ ἄξια, οἷς νοῦς μὴ[5] πάρεστιν, ἀλλ' ὁ Θεὸς αὐτός ἐστιν ὁ λέγων, διὰ τούτων δὲ φθέγγεται πρὸς ἡμᾶς.

Μέγιστον δὲ τεκμήριον τῷ λόγῳ Τύννιχος[6] ὁ Χαλκιδεύς, ὃς ἄλλο μὲν οὐδὲν πώποτ' ἐποίησε ποίημα, ὅτου τις ἂν ἀξιώσειε μνησθῆναι, τὸν δὲ παίωνα[7] ὃν πάντες ᾄδουσι, σχεδόν τι πάντων μελῶν κάλλιστον, ἀτεχνῶς, ὅπερ αὐτὸς λέγει, « εὕρημά τι Μοισᾶν[8]. » Ἐν τούτῳ γὰρ δὴ μάλιστά μοι δοκεῖ ὁ Θεὸς ἐνδείξασθαι ἡμῖν, ἵνα μὴ διστάζωμεν ὅτι οὐκ ἀνθρώπινά ἐστι E τὰ καλὰ ταῦτα ποιήματα οὐδὲ ἀνθρώπων, ἀλλὰ θεῖα καὶ θεῶν, οἱ δὲ ποιηταὶ οὐδὲν ἀλλ' ἢ ἑρμηνεῖς εἰσι τῶν θεῶν, κατεχόμενοι ἐξ ὅτου ἂν ἕκαστος κατέχηται. Ταῦτα ἐνδεικνύμενος ὁ Θεὸς ἐξεπίτηδες διὰ τοῦ φαυλοτάτου ποιητοῦ τὸ κάλλιστον μέλος ᾖσεν· ἢ οὐ δοκῶ σοι 535 ἀληθῆ λέγειν, ὦ Ἴων;　　　　　　　　　　　　A

ΙΩΝ. Ναὶ μὰ τὸν Δία, ἔμοιγε· ἅπτει γάρ πώς μου τοῖς λόγοις τῆς ψυχῆς, ὦ Σώκρατες, καί μοι δοκοῦσι

1. Κἂν = καὶ ἄν; suppléez le verbe ἠπίσταντο.

2. Διὰ ταῦτα sera expliqué par la proposition ἵνα... εἰδῶμεν.

3. Construit sans article, ὑπηρέταις; sert d'apposition attributive à τούτοις καὶ τοῖς χρησμῳδοῖς καὶ τοῖς μάντεσι. Traduisez : comme d'instruments.

4. Οἱ λέγοντες est le vrai sujet. Cf. Ménexène, p. 62, n. 1.

5. L'emploi de la négation μή révèle la valeur explicative de cette incidente. Elle équivaut

à εἴπερ αὐτοῖς νοῦς μὴ πάρεστι.

6. Voulant choisir, pour appuyer sa théorie, l'exemple d'un poète obscur, Platon ne pouvait mieux rencontrer : la postérité ignore même en quel siècle a paru ce Tynnichus, qui fut inspiré une fois en sa vie.

7. Le paean est un chant de fête, primitivement en l'honneur d'Apollon.

8. Μοισᾶν, forme dorienne du génitif pluriel Μουσῶν, fréquente dans la poésie chorique.

Θείᾳ μοίρᾳ ἡμῖν παρὰ τῶν θεῶν ταῦτα οἱ ἀγαθοὶ ποιη
ταὶ ἑρμηνεύειν.

**VI. De même, le rhapsode est inspiré et inconscient dans l'exercice de sa profession : l'attitude d'Ion, quand il déclame, le
prouve surabondamment.**

ΣΩ. Οὐκοῦν ὑμεῖς αὖ[1] οἱ ῥαψῳδοὶ τὰ τῶν ποιητῶν
ἑρμηνεύετε;

ΙΩΝ. Καὶ τοῦτο ἀληθὲς λέγεις.

ΣΩ. Οὐκοῦν ἑρμηνέων ἑρμηνεῖς γίγνεσθε;

ΙΩΝ. Παντάπασί γε.

B ΣΩ. Ἔχε[2] δή μοι τόδε εἰπέ, ὦ Ἴων, καὶ μὴ ἀπο
κρύψῃ ὅ τι ἄν σε ἔρωμαι· ὅταν εὖ εἴπῃς ἔπη καὶ ἐκπλή
ξῃς μάλιστα τοὺς θεωμένους, ἢ τὸν Ὀδυσσέα ὅταν ἐπὶ
τὸν οὐδὸν[3] ἐφαλλόμενον ᾄδῃς, ἐκφανῆ γιγνόμενον τοῖς
μνηστῆρσι καὶ ἐκχέοντα τοὺς ὀϊστοὺς πρὸ τῶν ποδῶν[4],
ἢ Ἀχιλλέα ἐπὶ τὸν Ἕκτορα ὁρμῶντα[5], ἢ καὶ τῶν περὶ
Ἀνδρομάχην ἐλεεινῶν τι ἢ περὶ Ἑκάβην ἢ περὶ Πρία
μον, τότε πότερον ἔμφρων εἶ, ἢ ἔξω σαυτοῦ γίγνει καὶ
C παρὰ τοῖς πράγμασιν[6] οἴεταί σου εἶναι ἡ ψυχὴ οἷς[7] λέ
γεις ἐνθουσιάζουσα, ἢ ἐν Ἰθάκῃ οὖσιν ἢ ἐν Τροίᾳ ἢ ὅπως
ἄν καὶ τὰ ἔπη ἔχῃ[8];

ΙΩΝ. Ὡς ἐναργές μοι τοῦτο, ὦ Σώκρατες, τὸ τε
κμήριον εἶπες· οὐ γάρ σε ἀποκρυψάμενος ἐρῶ. Ἐγὼ γὰρ

1. Αὖ, à votre tour.
2. Ἔχε n'a plus ici que le
sens d'une simple interjection,
comme φέρε, ἄγε.
3. Οὐδός, seuil. C'est à dessein que Platon emploie ici la
forme ionienne et poétique. Les
Attiques disaient ὁδός.
4. Les faits auxquels il est
fait ici allusion sont exposés
dans le XXIIᵉ chant de l'Odyssée.
5. Le combat d'Achille et

d'Hector, les lamentations de
Priam, d'Hécube et d'Andromaque remplissent le XXIIᵉ chant
de l'Iliade.
6. Τοῖς πράγμασι désigne
les faits mêmes racontés par le
rhapsode.
7. Οἷς au datif, par l'attraction
de son antécédent πράγμασιν.
8. Ἔχῃ, suppléez τὰ πράγ
ματα : de quelque façon (spécialement en quelque lieu) que le poème
présente les événements.

ὅταν ἐλεεινόν τι λέγω, δακρύων ἐμπίπλανταί μου οἱ ὀφθαλμοί· ὅταν τε φοβερὸν ἢ δεινὸν, ὀρθαὶ αἱ τρίχες ἵστανται ὑπὸ φόβου καὶ ἡ καρδία πηδᾷ.

ΣΩ. Τί οὖν; φῶμεν, ὦ Ἴων, ἔμφρονα εἶναι τοῦτον D τὸν ἄνθρωπον, ὃς ἂν κεκοσμημένος ἐσθῆτι ποικίλῃ καὶ χρυσοῖς στεφάνοις [1] κλάῃ τ' ἐν θυσίαις καὶ ἑορταῖς, μηδὲν ἀπολωλεκὼς τούτων, ἢ φοβῆται πλεῖν [2] ἢ ἐν δισμυρίοις ἀνθρώποις ἑστηκὼς φιλίοις, μηδενὸς ἀποδύοντος ἢ ἀδικοῦντος;

ΙΩΝ. Οὐ μὰ τὸν Δία, οὐ πάνυ, ὦ Σώκρατες, ὥς γε τἀληθὲς εἰρῆσθαι [3].

ΣΩ. Οἶσθα οὖν ὅτι καὶ τῶν θεατῶν τοὺς πολλοὺς ταὐτὰ ταῦτα ὑμεῖς ἐργάζεσθε [4];

ΙΩΝ. Καὶ μάλα καλῶς οἶδα· καθορῶ γὰρ ἑκάστοτε E αὐτοὺς ἄνωθεν ἀπὸ τοῦ βήματος κλάοντάς τε καὶ δεινὸν ἐμβλέποντας [5] καὶ συνθαμβοῦντας τοῖς λεγομένοις. Δεῖ γάρ με καὶ σφόδρ' αὐτοῖς τὸν νοῦν προσέχειν· ὡς ἐὰν μὲν κλάοντας αὐτοὺς καθίσω, αὐτὸς γελάσομαι ἀργύριον λαμβάνων, ἐὰν δὲ γελῶντας, αὐτὸς κλαύσομαι ἀργύριον ἀπολλύς.

VII. Comme le poète est inspiré par un dieu, le rhapsode est de même inspiré par son poète favori, et, quand il l'interprète, il s'empare à son tour de l'âme de ses auditeurs. C'est donc une chaîne dont les anneaux successifs sont la Muse, le poète, le rhapsode, les auditeurs. Sur tous, directement ou indirectement, c'est la divinité qui agit : l'art n'y est pour rien.

ΣΩ. Οἶσθα οὖν ὅτι οὗτός ἐστιν ὁ θεατὴς [6] τῶν δακτυλίων ὁ ἔσχατος, ὧν [7] ἐγὼ ἔλεγον ὑπὸ τῆς Ἡρακ-

1. Tel était en effet l'appareil dans lequel se présentait le rhapsode. Socrate avait déjà fait allusion à cette magnificence de costume. (Cf. p. 64, l. 11.)

2. Pour cette forme πλεῖν, cf. *Ménexène*, p. 26, n. 8.

3. Εἰρῆσθαι est pris absolument. Cf. *Gr.*, § 204.

4. On sait qu'ἐργάζεσθαι est un des verbes qui se construisent en grec avec deux accusatifs (*Gr.*, § 160).

5. Δεινόν est un accusatif de qualification. Cf. *Gr.*, § 161, Rem.

6. Joignez αὐτὸς ὁ θεατής.

7. ὧν, au génitif par attraction, est sujet de l'infinitif λαμ-

λειώτιδος ¹ λίθου ἀπ' ἀλλήλων τὴν δύναμιν ² λαμϐά-
536 νειν; ὁ δὲ μέσος σὺ ὁ ῥαψῳδὸς καὶ ὑποκριτής³, ὁ δὲ πρῶ-
A τος αὐτὸς ὁ ποιητής· ὁ δὲ θεὸς διὰ πάντων τούτων ἕλκει
τὴν ψυχὴν ὅποι ἂν βούληται τῶν ἀνθρώπων, ἀνακρε-
μαννὺς ἐξ ἀλλήλων τὴν δύναμιν. Καὶ ὥσπερ ἐκ τῆς
λίθου ἐκείνης, ὁρμαθὸς πάμπολυς ἐξήρτηται χορευτῶν τε
καὶ διδασκάλων καὶ ὑποδιδασκάλων ⁴, ἐκ πλαγίου ⁵ ἐξηρτημένων ⁶ τῶν τῆς Μούσης ἐκκρεμαμένων δακτυλίων.
Καὶ ὁ μὲν τῶν ποιητῶν ἐξ ἄλλης Μούσης, ὁ δὲ ἐξ ἄλλης
ἐξήρτηται· ὀνομάζομεν δὲ αὐτὸ « κατέχεται »· τὸ δὲ
B ἐστι παραπλήσιον ⁷· ἔχεται γάρ. Ἐκ δὲ τούτων τῶν
πρώτων δακτυλίων, τῶν ποιητῶν, ἄλλοι ἐξ ἄλλου αὖ
ἠρτημένοι εἰσὶ καὶ ἐνθουσιάζουσιν, οἱ μὲν ἐξ Ὀρφέως,
οἱ δὲ ἐκ Μουσαίου ⁸· οἱ δὲ πολλοὶ ἐξ Ὁμήρου κατέχον-
ταί τε καὶ ἔχονται. Ὧν σὺ, Ἴων, εἷς εἶ, καὶ κατέχει

βάνειν. Socrate revient aux anneaux aimantés qu'il avait pris
comme termes de comparaison
dans le chapitre V.

1. Ἡρακλειῶτις est un
adjectif féminin, de même sens
que Ἡρακλεία, employé précé-
demment.

2. Comme plus haut, δύναμις
désigne la *vertu attractive* de
l'aimant et des objets aimantés.

3. L'article n'est pas répété
devant ὑποκριτής, parce que les
deux désignations s'appliquent
à la même personne.

4. Au sens propre, les *cho-
reutes* sont ceux qui exécutent
les chœurs tragiques, les διδάσκαλοι ceux qui les leur font
préparer. Il s'agit donc ici de
ceux qui récitent les œuvres des
poètes, et de ceux qui les expliquent, sous quelque forme que
ce soit.

5. Ἐκ πλαγίου, *obliquement*.
On se représente aisément la
figure que Platon a sous les

yeux : quand un seul anneau se
rattache à un autre, il prend la
même direction que lui ; mais si
deux ou plusieurs anneaux se
rattachent immédiatement au
même, il faut bien, en se grou-
pant autour de l'axe de l'anneau
qui les supporte, qu'ils prennent,
par rapport à cet axe, une direction *oblique*.

6. Du participe ἐξηρτημένων
dépend τῶν δακτυλίων, et τῆς
Μούσης se rattache de la même
façon à ἐκκρεμαμένων.

7. Παραπλήσιον, *à peu près
la même chose*. C'est en jouant
sur le double sens du verbe
ἔχεται que Platon prouve que
ἐξήρτηται et κατέχεται sont
synonymes. Tous deux en effet
peuvent se remplacer par ἔχεται,
qui signifie à la fois *est possédé*
(au passif), et *se rattache* (au
moyen).

8. Musée est un poète lé-
gendaire, contemporain et com-
patriote d'Orphée.

ἐξ Ὁμήρου, καὶ ἐπειδὰν μέν τις ἄλλου του ποιητοῦ [1]
ᾄδῃ, καθεύδεις τε καὶ ἀπορεῖς ὅ τι λέγῃς [2], ἐπειδὰν δὲ
τούτου τοῦ ποιητοῦ φθέγξηταί τις μέλος, εὐθὺς ἐγρήγο-
ρας καὶ ὀρχεῖταί σου ἡ ψυχὴ [3] καὶ εὐπορεῖς ὅ τι λέγῃς. C
Οὐ γὰρ τέχνῃ οὐδ᾽ ἐπιστήμῃ περὶ Ὁμήρου λέγεις ἃ
λέγεις, ἀλλὰ θείᾳ μοίρᾳ καὶ κατοκωχῇ [4]· ὥσπερ οἱ κορυβαντιῶντες ἐκείνου μόνου αἰσθάνονται τοῦ μέλους ὀξέως,
ὃ ἂν ᾖ τοῦ θεοῦ ἐξ ὅτου ἂν κατέχωνται, καὶ εἰς ἐκεῖνο
τὸ μέλος καὶ σχημάτων καὶ ῥημάτων [5] εὐποροῦσι, τῶν
δὲ ἄλλων οὐ φροντίζουσιν· οὕτω καὶ σύ, ὦ Ἴων, περὶ μὲν
Ὁμήρου ὅταν τις μνησθῇ, εὐπορεῖς, περὶ δὲ τῶν ἄλλων
ἀπορεῖς· τούτου δ᾽ ἐστὶ τὸ αἴτιον [6] ὅ μ᾽ ἐρωτᾷς, δι᾽ D
ὅ τι σὺ περὶ μὲν Ὁμήρου εὐπορεῖς, περὶ δὲ τῶν ἄλλων
οὔ, ὅτι οὐ τέχνῃ ἀλλὰ θείᾳ μοίρᾳ Ὁμήρου δεινὸς εἶ
ἐπαινέτης.

VIII. Ion ne pouvant croire qu'il soit un instrument inconscient,
 Socrate va le lui prouver d'une autre façon, par la critique de
 sa prétendue science. — Il y a, dit-il, pour chaque art et chaque
 science, un objet propre et déterminé.

ΙΩΝ. Σὺ μὲν εὖ λέγεις, ὦ Σώκρατες· θαυμά-
ζοιμι μέντ᾽ ἂν εἰ οὕτως εὖ εἴποις, ὥστε με ἀναπεῖ-
σαι, ὡς ἐγὼ κατεχόμενος καὶ μαινόμενος Ὅμηρον ἐπαινῶ·

1. Ἄλλου του ποιητοῦ, gé-
nitif partitif, devant lequel il
est facile de suppléer une expression comme μέλος τι ou
simplement τι, qui serve de
complément direct à ᾄδῃ.

2. Ἀπορεῖς ὅ τι λέγῃς. Cf.
pour l'explication de cette tournure, p. 70, n. 7.

3. Sous une autre forme, Ion
avait déjà exprimé le même
phénomène (p. 79, l. 3) : ἡ
καρδία πηδᾷ.

4. Κατοκωχή, possession, est

le substantif dérivé de κατέχω.
Par une semblable dérivation,
ἀνέχω a donné ἀνοκωχή, suspen-
sion d'armes.

5. Σχημάτων καὶ ῥημά-
των, puisque les Corybantes
dansent et chantent à la fois.

6. Τὸ αἴτιον est sujet de
ἐστί; l'attribut est la proposition
ὅτι οὐ τέχνῃ, κτλ. — La proposition qui commence par δι᾽
ὅ τι (correspondant au latin cur)
exprime au contraire l'effet pro-
venant de cette cause.

Οἶμαι¹ δὲ οὐδ᾽ ἂν σοὶ δόξαιμι², εἴ μου ἀκούσαις λέγοντος περὶ Ὁμήρου.

ΣΩ. Καὶ μὴν ἐθέλω γε ἀκοῦσαι, οὐ μέντοι πρότερον³
E πρὶν ἄν μοι ἀποκρίνῃ τόδε· ὧν¹ Ὅμηρος λέγει περὶ
τίνος εὖ λέγεις; οὐ γὰρ δήπου περὶ ἁπάντων γε.

ΙΩΝ. Εὖ ἴσθι, ὦ Σώκρατες, περὶ οὐδενὸς ὅτου οὖ⁵.

ΣΩ. Οὐ δήπου⁶ καὶ περὶ τούτων, ὧν σὺ μὲν τυγχά-
νεις οὐκ εἰδώς, Ὅμηρος δὲ λέγει.

ΙΩΝ. Καὶ ταῦτα ποῖά ἐστιν, ἃ Ὅμηρος μὲν λέγει,
ἐγὼ δὲ οὐκ οἶδα;

537 ΣΩ. Οὐ καὶ περὶ τεχνῶν μέντοι λέγει πολλαχοῦ
Λ Ὅμηρος καὶ πολλά; οἶον καὶ περὶ ἡνιοχείας — ἐὰν
μνησθῶ τὰ ἔπη, ἐγώ σοι φράσω.

ΙΩΝ. Ἀλλ᾽ ἐγὼ ἐρῶ· ἐγὼ γὰρ μέμνημαι.

ΣΩ. Εἰπὲ δή μοι ἃ λέγει Νέστωρ Ἀντιλόχῳ τῷ
υἱεῖ, παραινῶν εὐλαβηθῆναι περὶ τὴν καμπὴν ἐν τῇ ἱππο-
δρομίᾳ τῇ ἐπὶ Πατρόκλῳ⁷·

ΙΩΝ.

Κλινθῆναι⁸ δὲ, φησὶ⁹, καὶ αὐτὸς ἐϋξέστῳ¹⁰ ἐνὶ δίφρῳ

---

1. **Οἶμαι** est une sorte de parenthèse, n'influant en rien sur la construction de la proposition.

2. Après ἂν δόξαιμι, suppléez κατέχεσθαι καὶ μαίνεσθαι.

3. **Ηρότερον πρίν.** Nous avons déjà remarqué ce pléonasme. Cf. p. 76, n. 3.

4. ᵀΩv doit se décomposer en τούτων, qui dépend de τίνος, et ἅ, complément direct de λέγει.

5. **Ηερὶ οὐδενὸς ὅτου οὖ** signifie la même chose que οὐδέν (ἐστι) περὶ ὅτου οὐκ (εὖ λέγω). Voyez, pour l'explication de cette tournure, Gr., § 273, Rem.

6. Suppléez le verbe εὖ λέγεις.

7. Il s'agit de la course de chars faite aux funérailles de Pa-

trocle, dont le récit se trouve dans le XXIIIᵉ chant de l'*Iliade*. Les vers que va réciter Ion sont les vers 832 et suivants de ce même chant.

8. **Κλινθῆναι** (en prose κλιθῆναι), infinitif au sens de l'impératif. Il faudra comprendre de la même manière plusieurs des infinitifs qui suivent.

9. **Φησὶ** ne compte pas dans la mesure : c'est Ion qui l'ajoute. Dans les textes de l'*Iliade*, d'ailleurs, l'ordre des premiers mots n'est pas tout à fait le même. On lit : Αὐτὸς δὲ κλινθῆναι...

10. Au lieu d'**ἐϋξέστῳ**, *bien poli*, nos textes homériques donnent ἐϋπλέκτῳ, *bien tressé* (les côtés du char étaient en osier).

ἦκ᾽ ἐπ᾽ ἀριστερὰ τοῖϊν ¹· ἀτὰρ τὸν δεξιὸν ἵππον,
κένσαι ² ὁμοκλήσας, εἶξαί ³ τέ οἱ ἡνία χερσίν. **B**
Ἐν νύσσῃ ⁴ δέ τοι ἵππος ἀριστερὸς ἐγχριμφθήτω ⁵,
ὡς μή τοι πλήμνη γε δοάσσεται ⁶ ἄκρον ⁷ ἱκέσθαι
κύκλου ποιητοῖο ⁸· λίθου δ᾽ ἀλέασθαι ⁹ ἐπαυρεῖν ¹⁰.

ΣΩ. Ἀρκεῖ. Ταῦτα δή, ὦ Ἴων, τὰ ἔπη εἴτε ὀρθῶς
λέγει Ὅμηρος εἴτε μή, πότερος ἂν γνοίη ἄμεινον, ἰα- **C**
τρὸς ἢ ἡνίοχος.

ΙΩΝ. Ἡνίοχος δήπου.

ΣΩ. Πότερον ὅτι τέχνην ταύτην ἔχει ¹¹ ἢ κατ᾽
ἄλλο τι;

ΙΩΝ. Οὔκ, ἀλλ᾽ ὅτι τέχνην ¹².

ΣΩ. Οὐκοῦν ἑκάστῃ τῶν τεχνῶν ἀποδέδοταί τι

1. **Τοῖϊν** est le génitif duel de l'article, employé au sens d'un pronom : il s'agit *des deux* chevaux. Les chars partaient sur la piste de droite, et devaient par conséquent, pour tourner la borne, pivoter sur la gauche des chevaux et du cocher.

2. **Κένσαι,** forme poétique de l'infinitif aoriste de κεντεῖν, *ai-guillonner.*

3. Ordinairement, le verbe **εἴ-χειν** est intransitif et signifie *céder.* Employé transitivement, comme ici, il prend le sens de *lâcher.*

4. **Νύσσα** est la *borne* autour de laquelle il fallait tourner.

5. **Ἐγχριμφθήτω,** de ἐγχρίμπτω, *donner légèrement sur...*, *effleurer.*

6. **Δοάσσεται,** malgré l'ε, est un subjonctif aoriste. Cette forme suppose le présent δοάζω. Mais il y a chez Homère deux verbes δοάζω, dont l'un signifie *mon-trer,* l'autre *douter.* Dans le pas-sage ci-dessus, tel que Platon le cite, il faut choisir le second

sens, celui de *douter :* ὡς μὴ πλή-μνη δοάσσεται signifie alors *pour qu'on ne puisse douter que le moyeu...* Mais les textes homéri-ques portent ὡς ἂν πλήμνη δοάσ-σεται, qui doit s'interpréter : *pour que le moyeu paraisse...,* en prenant δοάσσεται dans le pre-mier des deux sens indiqués.

7. **Ἄκρον,** la *surface* de la borne.

8. **Ποιητοῖο,** génitif homéri-que de ποιητός; = *fait avec art.* Κύκλου ποιητοῖο dépend de πλή-μνη.

9. **Ἀλέασθαι,** infinitif aoriste de l'homérique ἀλέομαι, *éviter.* Cet infinitif a ici le sens d'un impératif.

10. **Ἐπαυρεῖν,** *prendre sa part de...,* *toucher à...*

11. **Τέχνην ταύτην ἔχει.** Dans cette locution, τέχνην est attribut. Le sens est donc : *il a cela comme métier, cela rentre dans sa profession.*

12. **Ὅτι τέχνην,** suppléez ταύτην ἔχει.

ὑπὸ τοῦ θεοῦ ἔργον [1] οἵα τε εἶναι γιγνώσκειν; Οὐ γάρ
που ἃ κυβερνητικῇ γιγνώσκομεν, γνωσόμεθα καὶ ἰατρικῇ.

ΙΩΝ. Οὐ δῆτα.

ΣΩ. Οὐδέ γε ἃ ἰατρικῇ, ταῦτα καὶ τεκτονικῇ.

ΙΩΝ. Οὐ δῆτα.

D ΣΩ. Οὐκοῦν οὕτω καὶ κατὰ πασῶν τῶν τεχνῶν, ἃ
τῇ ἑτέρᾳ τέχνῃ γιγνώσκομεν, οὐ γνωσόμεθα τῇ ἑτέρᾳ;
Τόδε δέ μοι πρότερον τούτου [2] ἀπόκριναι· τὴν μὲν ἑτέραν φῂς εἶναί τινα τέχνην, τὴν δ' ἑτέραν [3];

ΙΩΝ. Ναί.

ΣΩ. Ἄρ ὥσπερ ἐγὼ, τεκμαιρόμενος, ὅταν ἡ μὲν [4]
ἑτέρων πραγμάτων ᾖ ἐπιστήμη, ἡ δ' ἑτέρων, οὕτω [5]
καλῶ τὴν μὲν ἄλλην, τὴν δὲ ἄλλην τέχνην, οὕτω
καὶ σύ;

E ΙΩΝ. Ναί.

ΣΩ. Εἰ γάρ που τῶν αὐτῶν πραγμάτων ἐπιστήμη
εἴη τις, τί ἂν τὴν μὲν ἑτέραν φαῖμεν εἶναι, τὴν δ' ἑτέραν, ὁπότε γε ταὐτὰ εἴη εἰδέναι ἀπ' ἀμφοτέρων; Ὥσπερ
ἐγώ τε γιγνώσκω ὅτι πέντε εἰσὶν οὗτοι οἱ δάκτυλοι, καὶ
σὺ, ὥσπερ ἐγώ, περὶ τούτων ταὐτὰ γιγνώσκεις· καὶ εἴ
σε ἐγὼ ἐροίμην, εἰ τῇ αὐτῇ τέχνῃ γιγνώσκομεν τῇ ἀριθ-

---

1. Il y a ici une sorte d'anticipation : l'expression ἔργον τι
ne doit grammaticalement être
placée qu'après γιγνώσκειν, auquel elle sert de complément direct. — Ὑπὸ τοῦ θεοῦ se rattache
donc immédiatement à ἀποδίδο-
ται. — Pour la construction de
l'attribut οἵα au datif, cf. Gr.,
§ 285.

2. Le génitif τούτου est complément du comparatif πρότερον.

3. Remarquez bien, dans ces
deux dernières propositions in-
finitives, que τὴν μὲν, τὴν δέ sont
les sujets, et ἑτέραν, ἑτέραν les

attributs. Le même genre de
construction va se retrouver plusieurs fois dans les lignes qui
suivent : τὴν μὲν ἄλλην, τὴν δὲ
ἄλλην, etc.

4. Ἡμέν se rapporte à l'idée
de τέχνη : c'est toujours des différents arts qu'il s'agit.

5. Ce premier οὕτω résume,
en tête de la proposition principale, la proposition circonstan-
cielle ὅταν ἡ μὲν... A la ligne
suivante, οὕτω est en corréla-
tion avec la conjonction ὥσπερ
du commencement de la phrase.

μητικῇ τὰ αὐτὰ ἐγώ τε καὶ σὺ, ἢ ἄλλη, φαίης ἂν δήπου τῇ αὐτῇ.

ΙΩΝ. Ναί.

ΣΩ. Ὃ τοίνυν ἄρτι ἔμελλον ἐρήσεσθαί σε, νυνὶ εἰ- **538**
πέ, εἰ κατὰ πασῶν τῶν τεχνῶν οὕτω σοι δοκεῖ, τῇ μὲν Α
αὐτῇ τέχνῃ τὰ αὐτὰ ἀναγκαῖον εἶναι γιγνώσκειν, τῇ
δ' ἑτέρᾳ μὴ τὰ αὐτὰ [1], ἀλλ' εἴπερ ἄλλη ἐστὶν, ἀναγκαῖον
καὶ ἕτερα γιγνώσκειν.

ΙΩΝ. Οὕτω μοι δοκεῖ, ὦ Σώκρατες.

IX. Un grand nombre de passages des poésies homériques se rap-
portant à l'objet précis d'une science particulière, celui-là seul
peut les expliquer avec compétence qui possède cette science-là.

ΣΩ. Οὐκοῦν ὅστις ἂν μὴ ἔχῃ τινὰ τέχνην, ταύτης
τῆς τέχνης [2] τὰ λεγόμενα ἢ πραττόμενα καλῶς γιγνώσκειν οὐχ οἷός τ' ἔσται;

ΙΩΝ. Ἀληθῆ λέγεις.   Β

ΣΩ. Πότερον οὖν, περὶ τῶν ἐπῶν ὧν εἶπες, εἴτε
καλῶς λέγει Ὅμηρος εἴτε μή, σὺ κάλλιον γνώσει ἢ [3]
ἡνίοχος;

ΙΩΝ. Ἡνίοχος.

ΣΩ. Ῥαψῳδὸς γάρ [4] που εἶ, ἀλλ' οὐχ ἡνίοχος.

ΙΩΝ. Ναί.

ΣΩ. Ἡ δὲ ῥαψῳδικὴ τέχνη ἑτέρα ἐστὶ τῆς ἡνιοχικῆς;

ΙΩΝ. Ναί.

ΣΩ. Εἰ ἄρα ἑτέρα, περὶ ἑτέρων καὶ ἐπιστήμη πραγμάτων ἐστίν.

1. **Μὴ τὰ αὐτὰ**, opposé au
τὰ αὐτά qui précède, = εἰ τινα
μὴ ἔστι ταῦτα, *les choses qui ne
seraient pas les m.êm.es.*

2. **Τῆς τέχνης.** Ce génitif
dépend des participes λεγόμενα
et πραττόμενα, qui sont considé-

rés comme de vrais substantifs.
Nous avons vu (cf. p. 17, n. 9)
ἡμῶν τοὺς ἐπαινοῦντας = *nos
panégyristes.*

3. Ἢ correspond ici au latin *an*.

4. Dans le dialogue, γάρ doit

ΙΩΝ. Ναί.

ΣΩ. Τί δὲ δὴ, ὅταν Ὅμηρος λέγῃ ὡς τετρωμένῳ
C τῷ Μαχάονι Ἑκαμήδη ἡ Νέστορος κυκεῶνα ¹ πίνειν
δίδωσι; καὶ λέγει πως οὕτως·

Οἴνῳ πραμνείῳ ², φησὶν ³, ἐπὶ δ' αἴγειον κνῆ ⁴ τυρὸν
κνήστι χαλκείῃ· παρὰ δὲ ⁵ κρόμυον, ποτῷ ὄψον ⁶·
ταῦτα εἴτε ὀρθῶς λέγει Ὅμηρος εἴτε μὴ, πότερον ἰατρικῆς ἐστι διαγνῶναι καλῶς ἢ ῥαψῳδικῆς;

ΙΩΝ. Ἰατρικῆς.

ΣΩ. Τί δὲ, ὅταν λέγῃ Ὅμηρος ⁷·
D Ἧ δὲ, μολυβδαίνῃ ⁸ ἰκέλη, ἐς βυσσὸν ἵκανεν ⁹,
ἥ τε ¹⁰ κατ' ἀγραύλοιο βοὸς κέρας ἐμμεμαυῖα ¹¹

souvent se traduire par *c'est que,
c'est parce que...*

1. **Κυκεῶνα.** Le κυκεών est
un breuvage médicinal de composition variée, mais dans lequel entrent toujours de nombreux ingrédients. — Le passage
suivant est tiré de l'*Iliade*, XI,
639-640. En faisant réciter à
Socrate lui-même les vers d'Homère, Platon rend évidente la
malice avec laquelle, tout à
l'heure, Socrate feignait de les
avoir oubliés pour donner au
rhapsode l'occasion de montrer
sa science.

2. Ce datif οἴνῳ πραμνείῳ dépend, dans Homère, du verbe
exprimé au vers précédent : κύ-
κησεν, *elle fit un mélange.*

3. Pour cette addition de φησίν,
cf. p. 82, n. 9...

4. Joignez ἐπέκνη (en resti-
tuant l'augment), ou, ce qui revient au-même, expliquez ἐπί
comme un adverbe : *elle grattait
au-dessus.*

5. **Παρά** est également adverbe = *en plus.* Suppléez un
verbe signifiant *elle mettait, elle
ajoutait.*

6. **Ποτῷ ὄψον,** *assaisonne-
ment en vue de la boisson,* c'est-
à-dire destiné à faire boire. —
Platon doit citer de mémoire,
car ce dernier hémistiche appartient non au vers 640, mais au
vers 629. Le vers 640 se termine
ainsi chez Homère : ἐπὶ δ' ἄλφιτα
λευκὰ πάλυνε.

7. Cf. *Iliade*, XXIV, 80 et
suiv. — C'est de la messagère
Iris qu'il est question.

8. **Μολυβδαίνη,** *masse de
plomb,* doit s'entendre ici de la
petite boule de plomb que l'on
joint à l'hameçon pour le faire
enfoncer, et que les contemporains d'Homère dissimulaient
dans la pointe d'une corne de
bœuf.

9. Au lieu d'ἵκανεν, *allait,*
les textes homériques ont ὄρου-
σεν, *s'élança,* qui est plus ex-
pressif.

10. **Ἧ τε,** même sens que ἥ, a
pour antécédent μολυβδαίνη.

11. **Ἐμμεμαυῖα,** féminin de
ἐμμεμαώς, doit se joindre à ἔρχεται = va *avec précipitation.*
Dans Homère, nous lisons ἐμ-
βεβαυῖα = *en pénétrant.*

ἔρχεται ὠμηστῇσι [1] μετ' ἰχθύσι πῆμα φέρουσα [2]·
ταῦτα πότερον φῶμεν ἁλιευτικῆς εἶναι τέχνης μᾶλλον
κρῖναι ἢ ῥαψῳδικῆς, ἄττα λέγει καὶ εἴτε καλῶς εἴτε μή;

ΙΩΝ. Δῆλον δή, ὦ Σώκρατες, ὅτι ἁλιευτικῆς.

ΣΩ. Σκέψαι δή, σοῦ ἐρομένου, εἰ ἔροιό με [3]· « Ἐπειδὴ
τοίνυν, ὦ Σώκρατες, τούτων τῶν τεχνῶν [4] ἐν Ὁμήρῳ
εὑρίσκεις ἃ προσήκει ἑκάστῃ διακρίνειν, ἴθι [5] μοι ἔξευρε Ε
καὶ τὰ τοῦ μάντεώς τε καὶ μαντικῆς, ποῖά ἐστιν ἃ προσήκει αὐτῷ οἵῳ τ' εἶναι διαγιγνώσκειν, εἴτε εὖ εἴτε κακῶς
πεποίηται, » σκέψαι ὡς ῥᾳδίως τε καὶ ἀληθῆ [6] ἐγώ σοι
ἀποκρινοῦμαι. Πολλαχοῦ μὲν γὰρ καὶ ἐν Ὀδυσσείᾳ λέγει, οἷον καὶ ἃ ὁ τῶν Μελαμποδιδῶν [7] λέγει μάντις
πρὸς τοὺς μνηστῆρας, Θεοκλύμενος·

Δαιμόνιοι [8], τί κακὸν τόδε πάσχετε; νυκτὶ μὲν ὑμέων 539
εἰλύαται [9] κεφαλαί τε πρόσωπά τε νέρθε [10] τε γυῖα [11], Λ
οἰμωγῇ δὲ δέδηε [12], δεδάκρυνται δὲ παρειαί·
εἰδώλων τε πλέον πρόθυρον, πλείη δὲ καὶ αὐλὴ

1. Ὠμηστῇσι, datif pluriel de ὠμηστής, *mangeur de chair crue*, et, par extension, *vorace*.

2. Joignez μεταφέρουσα.

3. Il y a ici quelque redondance, mais ce n'est pas tout à fait un pléonasme. Ἐρομένου doit s'entendre dans un sens général : *si tu me questionnais à ton tour;* et ἔροιο s'applique au cas particulier : *et si tu me posais cette question.*

4. Τούτων τῶν τεχνῶν dépend de ἑκάστῃ.

5. Ἴθι est un de ces impératifs employés à peu près comme de simples interjections. Cf. p. 78, n. 2.

6. Ῥᾳδίως τε καὶ ἀληθῆ. L'adverbe et l'adjectif alternent fréquemment à côté des verbes signifiant *dire*. Cf. *Protagoras,* p. 852 d : καλῶς γε σὺ λέγων

καὶ ἀληθῆ. *Phaedon,* p. 79 d : καλῶς καὶ ἀληθῆ λέγεις, ὦ Σώκρατες.

7. Τῶν Μελαμποδιδῶν, un *des descendants de Mélampous,* qui était lui-même un devin fameux.

8. Δαιμόνιοι. Ce passage appartient à l'*Odyssée,* XX, 851 et suiv.. Le texte homérique porte ἆ δειλοί, au lieu de δαιμόνιοι.

9. Εἰλύαται, forme ionienne et poétique de la troisième personne du pluriel du parfait passif de εἰλύω, *envelopper.*

10. Νέρθε, *par-dessous,* mot poétique.

11. Au lieu de γυῖα, *membres,* le texte d'Homère porte γοῦνα, *genoux.*

12. Δέδηε, parfait second, à sens intransitif, du verbe poé-

ἱεμένων ἐρεβόσδε ' ὑπὸ ζόφον· ἠέλιος δέ

B οὐρανοῦ ἐξαπόλωλε, κακὴ δ' ἐπιδέδρομεν ἀχλύς ².
Πολλαχοῦ δὲ καὶ ἐν Ἰλιάδι, οἷον καὶ ἐπὶ τειχομαχίᾳ ³·
λέγει γὰρ καὶ ἐνταῦθα·

Ὄρνις γάρ σφιν ἐπῆλθε, περησέμεναι ' μεμαῶσιν ⁵,
αἰετὸς ὑψιπέτης, ἐπ' ἀριστερὰ λαὸν ἐέργων ⁶,

C φοινήεντα δράκοντα φέρων ὀνύχεσσι πέλωρον,
ζωόν, ἔτ' ἀσπαίροντα· καὶ οὔπω λήθετο ⁷ χάρμης ⁸.
Κόψε γὰρ αὐτὸν ἔχοντα κατὰ στῆθος παρὰ δειρήν,
ἰδνωθεὶς ⁹ ὀπίσω, ὁ δ' ἀπὸ ἕθεν ¹⁰ ἧκε χαμᾶζε
ἀλγήσας ὀδύνῃσι ¹¹, μέσῳ δ' ἐγκάββαλ' ¹² ὁμίλῳ·

D αὐτὸς δὲ κλάγξας ἔπετο πνοιῆς ἀνέμοιο.
Ταῦτα φήσω καὶ τὰ τοιαῦτα τῷ μάντει προσήκειν καὶ
σκοπεῖν καὶ κρίνειν.

ΙΩΝ. Ἀληθῆ γε σὺ λέγων ¹³, ὦ Σώκρατες.

---

tique δαίω = *allumer*. Il faut entendre ici ce parfait au sens figuré d'*éclater, se propager*.

1. Ἐρεβόσδε, forme homérique de l'accusatif de lieu (question *quo*).

2. Ἀχλύς, *obscurité*.

3. La Τειχομαχία est le sujet du chant XIIᵉ de l'*Iliade*. Les vers cités ici sont les vers 200 et suivants de ce chant.

4. Περησέμεναι, infinitif aoriste archaïque de περᾶν, *traverser*. Les Troyens voulaient franchir le fossé qui protégeait le camp des Achéens quand se produisit ce prodige.

5. Μεμαῶσιν, participe, au datif pluriel, de μέμαα, *désirer ardemment*.

6. Ἐέργων, en prose εἴργων, *arrêtant*.

7. Λήθετο a pour sujet ὁ δράκων. — Remarquez l'absence d'augment dans cet aoriste et dans ceux qui suivent : κόψε,

ἐγκάββαλε, de même que dans l'imparfait ἔπετο.

8. Χάρμη, proprement *joie*, s'emploie très souvent chez Homère pour exprimer l'*ardeur belliqueuse*.

9. Ἰδνωθείς, de ἰδνοῦν, *courber* : c'est bien la forme que prennent les mouvements d'un serpent.

10. Ἕθεν, génitif homérique du pronom de la troisième personne. En prose : ἀφ' ἑαυτοῦ.

11. Ὀδύνῃσι, et, au vers suivant, πνοιῆς, sont des datifs pluriels = ὀδύναις, πνοιαῖς.

12. Ἐγκάββαλε = ἐγκατέβαλε. Quoi qu'il n'y ait pas d'augment, la proposition a perdu sa voyelle finale, et entre les deux consonnes mises en présence s'est produite une *assimilation*.

13. Σύ est sujet de ταῦτα φήσεις sous-entendu, et ἀληθῆ est complément direct de λέγων.

X. Socrate force ainsi Ion d'avouer que l'explication du plus grand nombre des passages homériques échappe à la compétence du rhapsode.

ΣΩ. Καὶ σύ γε, ὦ Ἴων, ἀληθῆ ταῦτα λέγεις. Ἴθι [1] δὴ καὶ σὺ ἐμοί, ὥσπερ ἐγὼ σοὶ ἐξέλεξα καὶ ἐξ Ὀδυσσείας καὶ ἐξ Ἰλιάδος ὁποῖα τοῦ μάντεώς ἐστι καὶ ὁποῖα τοῦ ἰατροῦ καὶ ὁποῖα τοῦ ἁλιέως, οὕτω καὶ σὺ ἐμοὶ ἔκλεξον, ἐπειδὴ καὶ ἐμπειρότερος εἶ ἐμοῦ τῶν Ὁμήρου, ὁποῖα τοῦ ῥαψῳδοῦ ἐστιν, ὦ Ἴων, καὶ τῆς τέχνης τῆς ῥαψῳδικῆς, ἃ τῷ ῥαψῳδῷ προσήκει καὶ σκοπεῖσθαι καὶ διακρίνειν παρὰ τοὺς ἄλλους ἀνθρώπους. E

ΙΩΝ. Ἐγὼ μέν φημι, ὦ Σώκρατες, ἅπαντα.

ΣΩ. Οὐ σύ γε ἔφης [2], ὦ Ἴων, ἅπαντα· ἢ οὕτως ἐπιλήσμων εἶ; καίτοι οὐκ ἂν πρέποι γε ἐπιλήσμονα εἶναι ῥαψῳδὸν ἄνδρα.

ΙΩΝ. Τί δὲ δὴ ἐπιλανθάνομαι; 540

ΣΩ. Οὐ μέμνησαι ὅτι ἔφησθα τὴν ῥαψῳδικὴν τέχνην ἑτέραν εἶναι τῆς ἡνιοχικῆς [3]; A

ΙΩΝ. Μέμνημαι.

ΣΩ. Οὐκοῦν καὶ ἑτέραν οὖσαν ἕτερα γνώσεσθαι ὡμολόγεις;

ΙΩΝ. Ναί.

ΣΩ. Οὐκ ἄρα πάντα γε γνώσεται ἡ ῥαψῳδικὴ κατὰ τὸν σὸν λόγον, οὐδὲ ὁ ῥαψῳδός.

ΙΩΝ. Πλήν γε ἴσως τὰ τοιαῦτα [4], ὦ Σώκρατες.

ΣΩ. Τὰ τοιαῦτα δὲ λέγεις πλὴν [5] τὰ τῶν ἄλλων B

1. Ἴθι. Cf. p. 87, n. 5.
2. Οὐ σύ γε ἔφης, *tu n'avais certes pas dit* cela tout à l'heure. Socrate va montrer à Ion qu'il avait, dans ses réponses précédentes (cf. chap. VIII), *implicitement* reconnu le contraire de ce qu'il prétend maintenant.
3. Ce sont les termes mêmes de la proposition à laquelle Ion avait souscrit, p. 85, l. 23. — Pour l'emploi du génitif après ἕτερος, cf. *Gr.*, § 168.
4. Τὰ τοιαῦτα, des choses comme celles dont il était question dans les vers d'Homère cités plus haut.
5. Ce πλὴν n'entre pas dans la

τεχνῶν σχεδόν τι· ἀλλὰ ποῖα δὴ γνώσεται, ἐπειδὴ οὐχ ἅπαντα;

ΙΩΝ. Ἃ πρέπει, οἶμαι ἔγωγε, ἀνδρὶ εἰπεῖν καὶ ὁποῖα γυναικὶ, καὶ ὁποῖα δούλῳ καὶ ὁποῖα ἐλευθέρῳ, καὶ ὁποῖα ἀρχομένῳ καὶ ὁποῖα ἄρχοντι.

ΣΩ. Ἆρ ὁποῖα ἄρχοντι, λέγεις¹, ἐν θαλάττῃ χειμαζομένου πλοίου πρέπει εἰπεῖν, ὁ ῥαψῳδὸς γνώσεται κάλλιον ἢ ὁ κυβερνήτης;

ΙΩΝ. Οὐκ, ἀλλὰ ὁ κυβερνήτης τοῦτό γε².

C   ΣΩ. Ἀλλ' ὁποῖα ἄρχοντι κάμνοντος³ πρέπει εἰπεῖν, ὁ ῥαψῳδὸς γνώσεται κάλλιον ἢ ὁ ἰατρός;

ΙΩΝ. Οὐδὲ τοῦτο.

ΣΩ. Ἀλλ' οἷα δούλῳ πρέπει, λέγεις;

ΙΩΝ. Ναί.

ΣΩ. Οἷον βουκόλῳ λέγεις δούλῳ ἃ πρέπει εἰπεῖν ἀγριαινουσῶν βοῶν παραμυθουμένῳ⁴, ὁ ῥαψῳδὸς γνώσεται, ἀλλ' οὐχ ὁ βουκόλος;

ΙΩΝ. Οὐ δῆτα.

ΣΩ. Ἀλλ' οἷα γυναικὶ πρέποντά ἐστιν εἰπεῖν ταλα-
D σιουργῷ⁵ περὶ ἐρίων ἐργασίας;

ΙΩΝ. Οὔ.

construction de la phrase : c'est simplement la répétition, sous une forme plus précise, des paroles du rhapsode : « En disant *excepté de telles choses*, tu veux dire sans doute *excepté les objets des autres arts.* »

1. C'est sur λέγεις que porte principalement l'interrogation, bien qu'il soit construit ainsi comme entre parenthèses. Entendez : ἆρα λέγεις (ὅτι) ὁ ῥαψῳδὸς γνώσεται κάλλιον ἢ ὁ κυβερνήτης ὁποῖα πρέπει κτλ.

2. Ion est vraiment de trop bonne composition. Voyez dans l'*Introd.*, p. 20, ce qu'il aurait pu répondre à Socrate.

3. Ἄρχοντι κάμνοντος, *au chef, au directeur d'un malade*, c'est-à-dire au médecin. Cf. *République*, p. 342 d : ὡμολόγηται ὁ ἰατρὸς σωμάτων εἶναι ἄρχων. — Κάμνοντος est la leçon du *Venetus* 189 : celle des autres mss., κάμνοντι, est difficile à expliquer.

4. Παραμυθουμένῳ est un présent de *conatu* (*Gr.*, § 217) : *quand il cherche à les calmer*, par conséquent *pour les calmer*.

5. Joignez γυναικὶ ταλασιουργῷ, *une ouvrière en laine*.

ΣΩ. Ἀλλ' οἷα ἀνδρὶ πρέπει εἰπεῖν γνώσεται στρατηγῷ στρατιώταις παρακινοῦντι;

ΙΩΝ. Ναὶ, τὰ τοιαῦτα γνώσεται ὁ ῥαψῳδός;

XI. Mais Ion prétend être bon général non moins que bon rhapsode.

ΣΩ. Τί δὲ; ἡ ῥαψῳδικὴ τέχνη στρατηγική ἐστιν;

ΙΩΝ. Γνοίην γοῦν[1] ἂν ἐγὼ οἷα στρατηγὸν πρέπει εἰπεῖν.

ΣΩ. Ἴσως γὰρ εἰ καὶ στρατηγικός, ὦ Ἴων. Καὶ γὰρ εἰ ἐτύγχανες ἱππικὸς ὢν ἅμα καὶ κιθαριστικός, ἔγνως ἂν ἵππους εὖ καὶ κακῶς ἱππαζομένους· ἀλλ' εἴ σ' ἐγὼ Ε ἠρόμην, ποτέρᾳ δὴ τέχνῃ, ὦ Ἴων, γιγνώσκεις τοὺς εὖ ἱππαζομένους ἵππους; ἢ[2] ἱππεὺς εἶ ἢ ᾗ κιθαριστής; τί ἄν μοι ἀπεκρίνω;

ΙΩΝ. Ἧι ἱππεύς, ἔγωγ' ἄν[3].

ΣΩ. Οὐκοῦν εἰ καὶ τοὺς εὖ κιθαρίζοντας διεγίγνωσκες, ὡμολόγεις ἄν, ᾗ κιθαριστὴς εἶ, ταύτῃ διαγιγνώσκειν, ἀλλ' οὐχ ᾗ ἱππεύς.

ΙΩΝ. Ναί.

ΣΩ. Ἐπειδὴ δὲ τὰ στρατιωτικὰ γιγνώσκεις, πότερον ᾗ στρατηγικὸς εἶ γιγνώσκεις ἢ ᾗ ῥαψῳδὸς ἀγαθός;

ΙΩΝ. Οὐδὲν ἔμοιγε δοκεῖ διαφέρειν.

ΣΩ. Πῶς; οὐδὲν λέγεις διαφέρειν; μίαν λέγεις τέχνην εἶναι τὴν ῥαψῳδικὴν καὶ στατηγικὴν ἢ δύο; 541

ΙΩΝ. Μία ἔμοιγε δοκεῖ. A

ΣΩ. Ὅστις ἄρα ἀγαθὸς ῥαψῳδός ἐστιν, οὗτος καὶ ἀγαθὸς στρατηγὸς τυγχάνει ὤν;

1. Γοῦν = *ce qui est sûr, c'est que...*

2. Ἧι se rapporte à τέχνῃ : « Est-ce par l'art *grâce auquel* tu es écuyer? » c'est-à-dire « est-ce en tant qu'écuyer? »

— Ce même pronom ᾗ va être employé encore plusieurs fois avec la même valeur.

3. Ἔγωγ' ἄν, suppléez ἀπεκρινάμην.

ΙΩΝ. Μάλιστα, ὦ Σώκρατες.

ΣΩ. Οὐκοῦν καὶ ὅστις ἀγαθὸς στρατηγὸς τυγχάνει ὤν, ἀγαθὸς καὶ ῥαψῳδός ἐστιν.

ΙΩΝ. Οὐκ αὖ μοι δοκεῖ τοῦτο.

ΣΩ. Ἀλλ' ἐκεῖνο μὴν δοκεῖ σοι, ὅστις γε ἀγαθὸς B ῥαψῳδός, καὶ στρατηγὸς ἀγαθὸς εἶναι [1];

ΙΩΝ. Πάνυ γε.

ΣΩ. Οὐκοῦν σὺ τῶν Ἑλλήνων ἄριστος ῥαψῳδὸς εἶ;

ΙΩΝ. Πολύ γε, ὦ Σώκρατες

ΣΩ· Ἦ καὶ στρατηγὸς, ὦ Ἴων, τῶν Ἑλλήνων ἄριστος εἶ;

ΙΩΝ. Εὖ ἴσθι [2], ὦ Σώκρατες· καὶ ταῦτά γε ἐκ τῶν Ὁμήρου μαθών.

XII. Qu'il se fasse donc nommer général ! lui répond Socrate. Puis il l'enferme dans le dilemme suivant : ou Ion doit son habileté à l'art et à la science, et alors il est injuste envers Socrate en refusant, malgré ses promesses antérieures, de lui faire connaître l'objet de cet art et de cette science; ou il ne doit rien à l'art, et alors il est inspiré et inconscient. Ion préfère passer pour un homme inspiré que pour un homme injuste.

ΣΩ. Τί δή ποτ' οὖν πρὸς τῶν θεῶν, ὦ Ἴων, ἀμφότερα [3] ἄριστος ὢν τῶν Ἑλλήνων, καὶ στρατηγὸς καὶ ῥαψῳδός, ῥαψῳδεῖς μὲν περιιὼν τοῖς Ἕλλησι, στρα-C τηγεῖς δ' οὔ; ῥαψῳδοῦ μὲν δοκεῖ σοι χρυσῷ στεφάνῳ ἐστεφανωμένου πολλὴ χρεία εἶναι τοῖς Ἕλλησι, στρατηγοῦ δὲ οὐδεμία;

ΙΩΝ. Ἡ μὲν γὰρ ἡμετέρα, ὦ Σώκρατες, πόλις ἄρχεται ὑπὸ ὑμῶν καὶ στρατηγεῖται καὶ οὐδὲν δεῖται στρατηγοῦ, ἡ δὲ ὑμετέρα καὶ ἡ Λακεδαιμονίων οὐκ ἄν με ἕλοιτο στρατηγόν· αὐτοὶ γὰρ οἴεσθε ἱκανοὶ εἶναι.

1. Ion l'avait en effet affirmé : cf. p. 91, l. 25.
2. Εὖ ἴσθι, suppléez ὅτι στρατηγὸς ἄριστός εἰμι.

3. Ἀμφότερα est un accusatif de relation : il sera expliqué par les deux substantifs qui suivent : στρατηγός et ῥαψῳδός.

ΣΩ. Ὦ βέλτιστε Ἴων, Ἀπολλόδωρον οὐ γιγνώσκεις τὸν Κυζικηνόν;

ΙΩΝ. Ποῖον τοῦτον [1];

ΣΩ. Ὃν Ἀθηναῖοι πολλάκις ἑαυτῶν στρατηγὸν
ᾕρηνται ξένον ὄντα· καὶ Φανοσθένη [2] τὸν Ἄνδριον καὶ D
Ἡρακλείδην τὸν Κλαζομένιον, οὓς ἥδε ἡ πόλις ξένους ὄντας, ἐνδειξαμένους ὅτι ἄξιοι λόγου εἰσὶ, καὶ εἰς στρατη-
γίας καὶ εἰς τὰς ἄλλας ἀρχὰς ἄγει· Ἴωνα δ' ἄρα τὸν
Ἐφέσιον οὐχ αἱρήσεται στρατηγὸν καὶ τιμήσει, ἐὰν
δοκῇ ἄξιος λόγου εἶναι; τί δὲ, οὐκ Ἀθηναῖοι μέν ἐστε
οἱ Ἐφέσιοι [3] τὸ ἀρχαῖον [4], καὶ ἡ Ἔφεσος οὐδεμιᾶς ἐλάτ-
των πόλεως [5]; E

Ἀλλὰ σὺ γὰρ, ὦ Ἴων, εἰ μὲν ἀληθῆ λέγεις, ὡς
τέχνῃ καὶ ἐπιστήμῃ οἷός τε εἶ Ὅμηρον ἐπαινεῖν, ἀδικεῖς, ὅστις ἐμοὶ ὑποσχόμενος, ὡς πολλὰ καὶ καλὰ περὶ
Ὁμήρου ἐπίστασαι, καὶ φάσκων ἐπιδείξειν ἐξαπατᾷς
με καὶ πολλοῦ δεῖς [6] ἐπιδεῖξαι, ὅς γε οὐδὲ ἅττα ἐστὶ
ταῦτα, περὶ ὧν δεινὸς εἶ, ἐθέλεις εἰπεῖν, πάλαι ἐμοῦ λι-
παροῦντος, ἀλλ' ἀτεχνῶς ὥσπερ ὁ Πρωτεὺς παντοδαπὸς
γίγνει στρεφόμενος ἄνω καὶ κάτω, ἕως τελευτῶν [7] διαφυγών με στρατηγὸς ἀνεφάνης, ἵνα μὴ ἐπιδείξῃς ὡς δει- 542
νὸς εἶ τὴν περὶ Ὁμήρου σοφίαν. Εἰ μὲν οὖν τεχνικὸς ὤν [8], A

1. Ποῖον τοῦτον; dans cette
locution, ποῖον est attribut, et
τοῦτον rappelle le complément
déjà exprimé. Cf. *Criton*, p. 43 c :
Ἀγγελίαν φέρω. — Τίνα ταύτην;

2. Ce Phanosthène, de l'île
d'Andros, fut stratège pendant
la guerre du Péloponnèse. Les
Athéniens le chargèrent même
d'une expédition contre ses com-
patriotes. — Nous ne savons rien
des deux autres généraux ici
nommés, Apollodore et Héraclide.

3. Οἱ Ἐφέσιοι est une apposition au sujet de ἐστε, à ὑμεῖς sous-

entendu : *vous autres Éphésiens.*

4. Τὸ ἀρχαῖον, *d'origine.*
C'étaient des Athéniens, en effet,
qui avaient colonisé le littoral de
l'Asie Mineure.

5. Ce qui revient à dire : ἡ
Ἔφεσος ἐν ταῖς μεγίσταις ἐστὶ
πόλεσιν.

6. Πολλοῦ δεῖς. Pour cette
tournure personnelle, cf. *Gr.*,
§ 288.

7. Le participe τελευτῶν se
rattache à διαφυγών, et a une
valeur adverbiale : *à la fin.*

8. Εἰ μὲν οὖν τεχνικὸς ὤν...

ὅπερ νῦν δὴ ἔλεγον, περὶ Ὁμήρου ὑποσχόμενος ἐπιδείξειν ἐξαπατᾷς με, ἄδικος εἶ. Εἰ δὲ μὴ τεχνικὸς εἶ [1],
ἀλλὰ θείᾳ μοίρᾳ κατεχόμενος ἐξ Ὁμήρου μηδὲν εἰδὼς
πολλὰ καὶ καλὰ λέγεις περὶ τοῦ ποιητοῦ, ὥσπερ ἐγὼ
εἶπον περὶ σοῦ, οὐδὲν ἀδικεῖς. Ἑλοῦ οὖν πότερα βούλει
νομίζεσθαι ὑπὸ ἡμῶν ἄδικος ἀνὴρ εἶναι ἢ θεῖος.

ΙΩΝ. Πολὺ διαφέρει, ὦ Σώκρατες· πολὺ γὰρ κάλλιον τὸ θεῖον νομίζεσθαι.

B   ΣΩ. Τοῦτο τοίνυν τὸ κάλλιον ὑπάρχει σοι παρ' ἡμῖν,
ὦ Ἴων, θεῖον εἶναι καὶ μὴ τεχνικὸν περὶ Ὁμήρου ἐπαι-
νέτην [2].

Socrate reprend, en la résumant, la première partie de son dilemne, qui avait commencé aux mots εἰ μὲν ἀληθῆ. Le développement qu'il lui avait donné pouvait, en effet, en avoir fait oublier l'idée principale.

1. Εἰ δὲ μὴ τεχνικὸς εἶ est la seconde partie du dilemne.

2. Voilà donc la conclusion de Socrate et, sans doute, de Platon : le rhapsode, et, au-dessus du rhapsode, le poète que le rhapsode interprète, sont des hommes inspirés, mais l'art réfléchi, la méthode scientifique n'entrent pour rien dans l'exercice de leur talent ou la composition de leurs œuvres.

FIN.

TABLE

Typographie Firmin-Didot et Cⁱᵉ. — Mesnil (Eure). 6514.

CLASSIQUES DE L'ALLIANCE DES MAISONS D'ÉDUCATION CHRÉTIENNE

CLASSE DE SECONDE

www.ingramcontent.com/pod-product-compliance
Lightning Source LLC
Chambersburg PA
CBHW070125100426
42744CB00009B/1745